Georg Baselitz

Druckgraphik
Prints
Estampes

D0879115

April-Juni 1984
Staatliche Graphische Sammlung,
München

juin-septembre 1984
Genève, Cabinet des estampes
du Musée d'art et d'histoire

Januar-Februar 1985
Städtisches Museum Simeonstift Trier

mars-avril 1985
Bibliothèque Nationale, Paris

Autumn 1985
Tate Gallery, London

Siegfried Gohr

Georg Baselitz
Druck-graphik
Prints
Estampes

1963–1983

Prestel-Verlag

O
NE
654
.B33
A4
1984

Organisation und Koordination
der Ausstellungstournee:

Organisation and coordination
of the exhibition tour:

Organisation et coordination
de l'exposition itinérante:

Fred Jahn

Die Leihgeber
Lenders to the exhibition
Prêteurs

Walter Bareiss
Georg Baselitz, Derneburg
S.K.H. Prinz Franz von Bayern
Sammlung Dürckheim
Galerie-Verein München e.V.
Dieter Giesing, Hamburg
Franz Hitzler, München
Staatliche Graphische Sammlung, München
Fred Jahn, München
Maximilian Verlag Sabine Knust, München

Auf dem Schutzumschlag:
Kopf für Krater und Wolke, Linolschnitt 1982
(Kat. Nr. 147)

Frontispiz: Georg Baselitz 1984
(Foto Daniel Blau, Derneburg)

Dieser Katalog enthält
172 Seiten mit 148 Abbildungen,
davon 20 in Farbe

Bildnachweis:
Bernd-Peter Keiser, Braunschweig (Seite 46 a),
Öffentliche Kunstsammlung, Basel (Seite 16 a),
Rheinisches Bildarchiv, Köln,
(Seite 12 b, 14, 22, 34, 38, 40 a, 46 b);
die übrigen Bildvorlagen
stellten die Besitzer und der Autor
zur Verfügung.
Die Illustrationen des Bildteils
wurden von den Originalen reproduziert

CIP-Kurztitelaufnahme der Deutschen Bibliothek:

Gohr, Siegfried:
Georg Baselitz: Druckgraphik 1963–1983;
München: Prestel, 1984.

© 1984 by Prestel-Verlag, München

Fotosatz: Max Vornehm, München
Reproduktion: Brend'amour, Simhart & Co., München (Farbe)
und Repro-Kölbl GmbH, München
Druck: Karl Wenschow GmbH, München
Bindung: R. Oldenbourg GmbH, München
Gestaltung: Dietmar Rautner

Printed in Germany
ISBN 3-7913-0632-4

DABNEY LANCASTER LIBRARY
LONGWOOD COLLEGE
FARMVILLE, VIRGINIA 23901

Zur Ausstellung

Das Schaffen von Georg Baselitz fand schon relativ frühzeitig Beachtung in München. Die Galerie Friedrich und Dahlem widmete 1965 dem damals Siebenundzwanzigjährigen die erste hiesige Einzelausstellung. Angeregt durch das sammlerische Engagement von Mitgliedern des Galerie-Vereins München e. V. – allen voran SKH Prinz Franz von Bayern –, entschloß sich Herbert Peé 1972, in der Staatlichen Graphischen Sammlung eine Auswahl von knapp 120 Zeichnungen und Radierungen aus der Zeit von 1959 bis 1972 zu zeigen.

In seinen Eindrücken vor Zeichnungen von Georg Baselitz, die er für den Katalog niederschrieb, ging Herbert Peé aus von dem »Erstaunen darüber, daß solches in den letzten zehn, zwölf Jahren überhaupt möglich war«, und kennzeichnete resümierend den Künstler als einen eigensinnigen, zu Zeiten schwerflüssigen Mann, der »mit ungeheurer Intensität seine Aussagen hervorbringt und aus einer extremen Außenseiterposition auf den ihm zukommenden Platz in der neueren deutschen Kunst vorrückt«. Diese letzte Bemerkung fand gleichsam ihre Bestätigung in der großen Baselitz-Ausstellung, die 1976 im Haus der Kunst gemeinsam vom Galerie-Verein und der Staatsgalerie moderner Kunst veranstaltet wurde. Inzwischen ist das an Kraft und Eigenart der künstlerischen Aussage nicht nachlassende, nur reifer gewordene Schaffen von Baselitz längst in den Blickpunkt allgemeineren Interesses gerückt, ohne dabei die ihm anfänglich innewohnende irritierende, ja provozierende Wirkung ganz eingebüßt zu haben.

In der Erkenntnis, daß Baselitz sich in seiner Druckgraphik davor hütet, bereits anderweitig von ihm ausformulierte Bildideen einfach zu reproduzieren, sondern daß der Künstler hier eigene Wege geht und die jeweils benutzten Techniken mit großer Experimentierlust schöpferisch handhabt, sich kurzum als ein echter Peintre-graveur erweist, bemühen sich der Galerie-Verein und die Staatliche Graphische Sammlung seit geraumer Zeit mit vereinten Kräften darum, einen alle Aspekte des druckgraphischen Oeuvres berücksichtigenden, charakteristischen Baselitz-Bestand anzulegen; gegenwärtig umfaßt dieser Bestand mehr als 100 Blatt, worunter sich etliche Zustands- und Probedrucke befinden.

Aufgrund dieser Bestrebungen hat die Staatliche Graphische Sammlung gern das Angebot wahrgenommen, die von Fred Jahn organisierte Retrospektive der Druckgraphik von Georg Baselitz als erste Institution zu zeigen. Das Ausstellungskonzept, das die stilistische Entwicklung der Baselitz-Graphik von ihren Anfängen bis heute ebenso aufzeigt wie die verschiedenen Themenbereiche und in mehreren Fällen auch Einblick in den Entstehungsprozeß einzelner Werke gewährt, ist im wesentlichen Fred Jahn und Johannes Gachnang als profunden Kennern des Baselitz-Oeuvres zu verdanken. Die Auswahl hätte jedoch nicht in der vorliegenden optimalen Form getroffen werden können ohne die vorbehaltlose Leihwilligkeit mehrerer Privatsammler. Ihnen allen, insbesonders SKH Prinz Franz von Bayern und Christian Graf Dürckheim, sei an dieser Stelle für ihr großzügiges Entgegenkommen aufrichtig gedankt.

Dieter Kuhrmann

DABNEY LANCASTER LIBRARY

1000145543

Vorwort

Die Druckgraphik hatte in ihrer langen Geschichte in der Regel die Aufgabe, Zeichnungen oder Bilder zu reproduzieren. Einige Male jedoch gaben ihr die Meister oder die Schulen der Stecher den Rang einer Kunst mit eigenen Gesetzen. Die Stecher der Schule von Fontainebleau, die Meister der Clair-obscur-Holzschnitte, Charles Meryon, um nur einige zu nennen, haben der Graphik diese besondere Qualität verliehen. Auf diese Leistungen der Druckgraphik bezieht sich Georg Baselitz mit seinen seit 1963 entstandenen Radierungen, Holz- und Linolschnitten.

Als Widerpart und Ergänzung des malerischen Werkes entstanden bis heute ungefähr 450 Blätter, aus denen die wichtigsten und schönsten für die Ausstellung ausgewählt wurden. Die thematische Vielfalt wie der ungewöhnliche Erfindungsreichtum in der Verwendung der graphischen Techniken lassen sich Schritt für Schritt verfolgen.

Das Zustandekommen der ersten großen Ausstellungstournee des graphischen Werkes von Baselitz und die Herausgabe des begleitenden Katalogwerkes waren nur möglich durch die bereitwillige Unterstützung, die der Künstler dem Unternehmen in allen seinen Phasen gewährt hat. Ihm gilt an erster Stelle unser Dank.

Das Engagement der Kollegen in den deutschen und europäischen Museen für das graphische Werk von Baselitz ermöglichte eine umfassende Präsentation. Hier sind hervorzuheben Dieter Kuhrmann, Staatliche Graphische Sammlung, München, sowie Rainer Michael Mason, Cabinet des estampes, Genf. Dieter Ahrens vom Städtischen Museum Simeonstift in Trier hat sich sehr entschieden für die Ausstellung eingesetzt und ihr damit auch eine wichtige Station im Westen der Bundesrepublik gesichert. In Paris hat Françoise Woimant die außergewöhnliche Idee einer Baselitz-Graphik-Ausstellung in der Bibliothèque Nationale initiiert. Die Förderung durch André Miquel, Administrateur général de la Bibliothèque Nationale, und die Association Française d'Action Artistique sowie Yves Mabin, zuständig für die Bildenden Künste im Ministère des Rélations Extérieures, und Max Moulin, zuständig für das Bureau des arts plastiques de l'Europe de l'ouest, haben das Vorhaben in Paris erst ermöglicht. Die Tate Gallery in London hat ihr Engagement für Baselitz durch den Ankauf zweier Gemälde manifestiert. Liz Underhill, Kuratorin der Print Collection, hat die Voraussetzungen für die Graphik-Ausstellung in London geschaffen, die auch von Richard Calvocoressi befürwortet wurde. Ihnen allen gilt ein herzlicher Dank.

Die organisatorische Last der Vorbereitung lag zu großen Teilen in den Händen von Fred Jahn, der seit langen Jahren der graphischen Arbeit von Baselitz verbunden ist. Ohne seinen Einsatz hätte das Projekt nicht realisiert werden können. Für diese schwierige Arbeit sind wir besonders zu Dank verpflichtet.

Siegfried Gohr

Georg Baselitz –
Graphik als Prinzip

»Un peu d'inpopularité,
c'est consécration.«
Baudelaire, 1862

I

In der Graphik von Baselitz ereignete sich etwas, was dem Gesamten der gleichzeitigen Druckgraphik entgegengesetzt war. Das Anderssein dieser Blätter, die seit 1963 stetig, allerdings mit deutlichen Gewichtungen entstanden waren, erschließt sich selbst flüchtiger Betrachtung. Ungewöhnlich scheint die Handhabung der Technik und eigenwillig die Einflußnahme auf den Druckvorgang, verwirrend die nochmalige manuelle Bearbeitung des Druckergebnisses. Für den Tiefdruck benutzte Baselitz die Möglichkeiten der Radierung, als Hochdrucktechnik verwendete er zuerst den Holzschnitt. Dadurch, daß er sich in den sechziger Jahren für diese Möglichkeit entschied, wählte er den Gegensatz zu den modernen Verfahren wie (Farb)-Lithographie und Serigraphie, Photographie und Materialdruck als seine ihm eigene Form der Druckgraphik. Er entschied sich in einer Situation, die eine jederzeitige Verfügbarkeit und hohe Vervielfältigung in der Graphik forderte, für ein individuell künstlerisches Verfahren wie die Radierung. Er verließ also die Wege, in deren Bahnen sich die Druckgraphik fortschreitend als diejenige Kunstform herauszustellen schien, die allein den erwarteten, ja geforderten massenhaften Bedarf nach Kunst befriedigen könne. Baselitz etablierte, ohne eine Resonanz zu haben, einen anderen Standard. Er widersprach einer Produktion, die im weiteren oder engeren Sinne als Reproduktionsgraphik zu bezeichnen ist, indem seine Arbeiten als die eines ›Peintre-graveur‹ zu verstehen waren. Deshalb verwarf er die Lithographie nach einem Versuch, der ihn nicht zufriedenstellte. Obwohl auch Baselitz in seiner Graphik sich in Einzelfällen auf eigene Zeichnungen bezieht, haben seine Blätter ihr Ziel in sich selbst.

Seine Graphik erschöpft sich nicht in der Reproduktionsfunktion, sondern sie gibt den Drucken eine eigene Materialität und Oberflächenpräsenz. Die graphischen Verfahren sind zu solch starker Eigenwirkung gebracht, daß ihre äußere Erscheinung einen unübersehbaren Widerspruch erzeugt zu den Ergebnissen jener flachdruckenden perfekten Verfahren, die aus der Intention der modernen Massendrucksachen herzuleiten sind. Das Ziel dieser Verfahren ist die Vereinheitlichung der Druckoberfläche. Ihre Technik

Hommage à Charles Meryon, 1962/63. Öl auf Leinwand, 120 x 90 cm. Privatsammlung München

Die in Klammern vermerkten Jahn-Nummern verweisen auf den Oeuvre-Katalog von Fred Jahn: *Baselitz, Peintre-graveur,* Werkverzeichnis der Druckgraphik 1963–1974, Bern-Berlin 1983.

The Jahn Numbers given in brackets refer to Fred Jahn's œuvre catalogue: *Baselitz, Peintre-graveur,* Werkverzeichnis der Druckgraphik 1963–1974, Bern-Berlin 1983.

Les numéros Jahn indiqués entre crochets carrés renvoient au catalogue de l'œuvre réalisé par Fred Jahn: *Baselitz, Peintre-graveur,* Werkverzeichnis der Druckgraphik 1963–1974, Bern-Berlin 1983.

Georg Baselitz –
La gravure pour dessein

Georg Baselitz –
Graphic Art as a Principle

«Un peu d'impopularité,
c'est consécration.»
Baudelaire, 1862

'A little unpopularity,
is a consecration.'
Baudelaire, 1862

I

L'œuvre gravé de Baselitz a été le lieu d'un phénomène qui va à contre-courant de l'ensemble de la production gravée contemporaine. La différence que manifestent ces œuvres, qui n'ont cessé, sert avec des accents et en des phases variables, de se multiplier à partir de 1963, se révèle même à un regard superficiel. On observe en effet un traitement insolite de la technique, une volonté d'agir sur le processus d'impression, une reprise manuelle troublante du résultat obtenu. Pour la gravure en creux, Baselitz a utilisé les possibilités de l'eau-forte; pour les techniques d'impression en relief, il a commencé par s'attacher à la gravure sur bois. En choisissant ces procédés dans les années soixante, il se démarquait totalement des techniques modernes, telles que la (chromo-)lithographie et la sérigraphie, la photographie l'empreinte. Dans un contexte qui exigeait de la gravure une disponibilité constante et d'importants tirages, il a préféré un procédé artistique aussi personnel que l'eau forte. Il abandonna ainsi la voie que suivait la gravure avec une prédilection croissante; elle semblait s'affirmer comme la seule forme d'art capable de satisfaire la demande massive que l'on prévoyait, que l'on réclamait même. Sans toutefois trouver d'écho, Baselitz établit un critère différent. Il contestait un type de gravure qu'il faut définir, dans un sens plus ou moins large, comme un procédé de reproduction; ses œuvres devaient être comprises comme celles d'un ‹peintre-graveur›. Aussi rejeta-t-il la lithographie après une tentative qui le laissa insatisfait. Bien que dans certains cas, Baselitz se soit inspiré dans ses gravures de ses propres dessins, celles-ci ont un but bien particulier.

Sa technique de gravure ne s'épuise pas dans une fonction de reproduction; elle confère à ses tirages une matérialité propre et une présence immédiate. Baselitz donne à ses procédés de gravure une efficacité personnelle si forte que leur aspect extérieur contraste de façon flagrante avec la sophistication des procédés d'impression en à-plats que permettent les techniques de masse modernes. Ces dernières ont pour but de donner naissance à une surface imprimée homogène. Elles cherchent essentiellement à intégrer en à-plats les éléments éventuellement divergents d'un modè-

I

In Baselitz's graphic œuvre there is something which has proved to be completely different to all other contemporary prints. The distinctness of his prints is evident at first glance: he has been making them consistently, albeit with distinct points of emphasis, since 1963 and they have emerged as being of clear importance. The technical handling appears unorthodox, the manipulation of the printing process highly individual, and the repeated manual modification of the printed result bewildering. For intaglio prints, Baselitz has used all the possibilities of etching; his first relief prints were woodcuts. By deciding upon these specific techniques in the mid-sixties, Baselitz chose the opposite of modern processes such as (colour) lithography, serigraphy, photography, and screenprint in order to arrive at his personalised mode of printing. This decision was made in a situation in which even such individual artistic processes as etching were subject to demands for constant availability and large editions. Baselitz thus abandoned the paths along which prints progressively seemed to be turning out to be the one medium capable of satisfying the expected, even stipulated, mass demand for art. He established a different standard. Instilling his works with a 'peintre-graveur's' spirit, he contradicted modes of production which, in the wider or narrower sense of the term, can only be labelled reproductive. Accordingly, he abandoned lithography after one attempt which failed to satisfy him. Although in some cases Baselitz based his prints on other works, namely his own drawings, his prints are works in their own right.

His graphic skills lie not only in his ability to transform an image from one medium to another but in the way he endows the prints with an inherent tactility and surface presence. The graphic processes dominate to such an extent that their physical appearance openly contradicts the result of those perfected offset processes derived from the motives of modern mass-production printing. The purpose of these processes is to unify the print surface. Their technique aims predominantly at the integration of potentially divergent elements of a pattern into one picture plane, since the printed surface, by means of extremely refined technical

dient vorzugsweise dazu, die möglicherweise widerstreitenden Elemente einer Vorlage in eine Ebene zu integrieren, da die gedruckte Fläche mit äußerst verfeinerten Mitteln Wirkungen erzielen kann, die sich der Komplettheit des farbigen Gemäldes oder einer Photographie illusionistisch annähern. Die Integration der stilistischen und inhaltlichen Elemente in eine dem Papier nur hauchdünn aufliegende Schicht verweist also auf ein Original in einer anderen Technik, so daß die Imitation von Effekten der Vorlagen zum Ziel wurde. Es haftet solcher Druckgraphik etwas an von Schein und von Illusionismus, indem sie vorgibt, die künstlerischen Kategorien zu überwinden.

Dadurch, daß Baselitz einem ganz verschiedenen Prinzip von Graphik Wirklichkeit und Wirksamkeit zusprach, reagierte seine Arbeit in so grundsätzlicher Weise auf die Situation um 1963/64, wie dies Baudelaire im Jahre 1862 für die Erneuerung der Radierung beobachtete, die er bei verschiedenen seiner Zeitgenossen feststellte.

»Je reconnais bien dans tous ces faits un symptôme heureux. Mais je ne voudrais pas affirmer toutefois que l'eauforte soit destinée prochainement à une totale popularité. Pensons-y: un peu d'inpopularité, c'est consécration. C'est vraiment un genre trop *personnel,* et conséquemment trop *aristocratique,* pour enchanter d'autres personnes que celles qui sont naturellement artistes, très amoureuses dès lors de toute personnalité vive. Non seulement l'eau-forte sert à glorifier l'individualité de l'artiste, mais il serait même difficile à l'artiste de ne pas décrire sur la planche sa personnalité la plus intime.« (Aus ›Peintres et Aquafortistes‹, 1862.)*

Unter den Künstlern, die Baselitz damals schätzte, befanden sich neben Malern wie Rayski, Wrubel, Gallén-Kallela, Schönberg gerade solche, die nur als Zeichner oder Graphiker gearbeitet hatten. Er sammelte die Blätter der Manieristen und seine besondere Aufmerksamkeit galt den Stechern der Schule von Fontainebleau, den niederländischen Stechern um 1600, zum Beispiel Hendrik Goltzius, und den Meistern des Clair-obscur-Holzschnittes.

Er entdeckte Charles Meryon und widmete ihm ein Gemälde (*Hommage à Charles Meryon,* 1962/1963, Abb. Seite 8), noch ehe er selbst eine Radierung geschaffen hatte. Baselitz bezog sich also auf die Kunst derjenigen Stecher, die dieses Metier aus der alleinigen Pflicht zur Herstellung einer Reproduktion entlassen und zu Erfindungen im Raum zwischen Malerei, Zeichnung und Druckgraphik gemacht hatten. Die genannten Schulen oder Meister dienten aber nicht nur zur Anregung für die eigene Produktion, sondern auch zur Besetzung von Stützpunkten in der Kunstgeschichte, die eine abweichende Haltung in den Strömungen der zeitgenössischen Kunst veranschaulichen konnte.

Unmißverständlicher noch als in der Malerei, die aus der ungegenständlichen Abstraktion herauszulösen war,

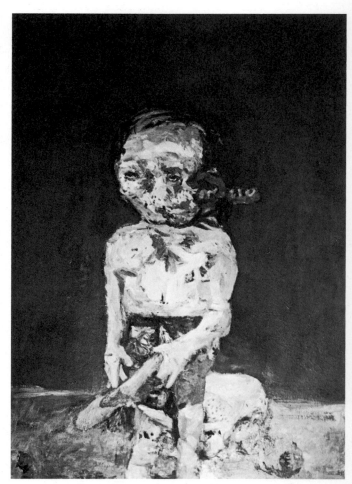

Die große Nacht im Eimer, 1962/63. Öl auf Leinwand, 250 x 180 cm. Museum Ludwig, Köln

* »Aus all diesen Anzeichen entnehme ich eine glückliche Wende. Aber ich möchte doch nicht behaupten, daß die Radierung in der nächsten Zeit allgemeine Verbreitung finden wird. Denken wir daran: ein bestimmtes Maß an Unbeliebtheit, das ist Weihe. Dieses Genre ist zu persönlich und zu aristokratisch, um andere Menschen zu reizen, als diejenigen, die von Natur aus ein künstlerisches Empfinden besitzen und sich dadurch von jeder lebendigen Persönlichkeit angezogen fühlen. Die Radierung dient zur Verherrlichung der Individualität des Künstlers, dem es sogar schwierig wäre, sein Innerstes dem Blatt nicht mitzugeben.«

le; en effet, la surface imprimée peut, avec des moyens extrêmement raffinés, produire des effets qui se rapprochent à s'en méprendre de l'intégralité de la peinture en couleurs ou d'une photographie. L'intégration des éléments stylistiques et iconographiques dans une couche posée sur le papier avec une minceur extrême se réfère donc à un original créé à l'aide d'une autre technique; son but est d'imiter les effets des modèles. Prétendant triompher des catégories artistiques, cette gravure possède de façon inhérente quelque chose du monde de l'apparence et de l'illusionnisme.

En apportant réalité et efficacité à un principe de gravure tout différent, l'œuvre de Baselitz réagissait fondamentalement au contexte des années 1963/64. Il conviendrait d'en rapprocher l'observation que faisait Baudelaire en 1862 à propos du renouveau de l'eau-forte constaté chez plusieurs de ses contemporains.

«Je reconnais bien dans tous ces faits un symptôme heureux. Mais je ne voudrais pas affirmer toutefois que l'eau-forte soit destinée prochainement à une totale popularité. Pensons-y: un peu d'impopularité, c'est consécration. C'est vraiment un genre trop *personnel,* et conséquemment trop *aristocratique,* pour enchanter d'autres personnes que celles qui sont naturellement artistes, très amoureuses dès lors de toute personnalité vive. Non seulement l'eau-forte sert à glorifier l'individualité de l'artiste, mais il serait même difficile à l'artiste de ne pas décrire sur la planche sa personnalité la plus intime» (dans: ‹Peintres et Aquafortistes›, 1862).

Parmi les artistes que Baselitz appréciait à l'époque figuraient précisément, à côté de peintres comme Rayski, Wrubel, Gallén-Kallela ou Schönberg, des créateurs qui avaient été exclusivement dessinateurs ou graveurs. Il collectionnait les œuvres de maniéristes, et accordait une attention toute particulière aux graveurs de l'Ecole de Fontainebleau, aux graveurs hollandais des années 1600 comme Hendrik Goltzius et aux maîtres de la gravure en clair-obscur.

Il découvrit Charles Meryon et lui dédia une toile *(Hommage à Charles Meryon,* 1962/63, ill. p. 8), avant de s'être lui-même lancé dans sa première eau-forte. Baselitz se référait donc à l'art des graveurs qui avaient libéré ce métier du seul devoir de reproduction et lui avaient permis de réaliser des inventions dans l'espace intermédiaire entre la peinture, le dessin et l'impression. Les élèves ou les maîtres cités ne se bornèrent pas à l'encourager à s'engager dans une production personnelle; ils lui offrirent également des points d'appui dans l'histoire de l'art, qui pouvaient cautionner une attitude divergente des courants de l'art contemporain.

Plus clairement encore que la peinture, qui devait se détacher de l'abstraction non figurative, le dessin et la gravure pouvaient affirmer et maintenir cette position personnelle de l'artiste. Le procédé de reproduction se chargeait d'un double sens: reproduire des dessins personnels, et révéler une attitude cachée dans les tréfonds de la mémoire fort an-

methods, is capable of achieving effects which, in their illusion, approach the completeness of a polychrome painting or a photograph. The integration of elements of style and content into a thinly applied layer on the paper surface recalls, therefore, an original executed in a different technique; thus the ultimate aim has become the imitation of the appearance of an original. Such prints bear something of the stigma of illusionism and make-believe by purporting to transcend artistic categories.

By realising a totally different principle of graphic art, Baselitz responded towards the situation, around 1963/64, in a similarly categorical way to Baudelaire who, in 1862, when commenting on the revival of etching, observed the artistic production of a number of his contemporaries:

'I can well see in all these things a happy symptom. Nevertheless, I personally would not like to affirm that etching may be destined in the near future to be popular with everyone. Let us consider: a little unpopularity is a consecration. It is really a genre which is too personal, and consequently too aristocratic, to be able to charm people other than those who are by nature artists, enamoured, consequently, of any living personality. Etching serves to glorify the artist's individuality, but it would even be difficult for the artist not to describe his most intimate personality on the plate.'
(From 'Peintres et Aquafortistes', 1862).

Among the artists highly regarded by Baselitz at that time, besides painters such as Rayski, Wrubel, Gallén-Kallela and Schönberg, were those who worked only as draughtsmen or engravers. He collected Mannerist prints, and his particular interest lay with the engravers of the Fontainebleau School, the Dutch engravers of around 1600, e.g. Hendrik Goltzius, and the Masters of the Chiaroscuro woodcuts.

He discovered Charles Meryon and even before having executed a single etching himself, dedicated a painting to him (*Hommage à Charles Meryon*, 1962/63, fig. p. 8). Baselitz, therefore, referred to the artistic production of those engravers who had liberated their craft from a sole duty of creating reproductions, in favour of innovations operating in the realm between painting, drawing and printing. These Schools and Masters served not only as inspiration for Baselitz's own production, however, but also to illuminate pivotal points in art history; they illustrate his diverging attitude within the currents of contemporary art.

Even more plainly than painting, which had still to be released from non-figurative abstraction, drawings and prints were able to determine and consolidate the artist's individual position. The act of printing became instilled with two-fold significance: firstly, the reproduction of his own drawings and secondly, the visualisation of an attitude embodied in the long historical tradition of the technique. Graphic art naturally renders this latter more clearly and directly visible

konnte Zeichnung und Graphik eine solch eigene Position des Künstlers festlegen und festhalten. Der Vorgang der Reproduktion füllte sich mit einem zweifachen Sinn: demjenigen der Wiedergabe eigener Zeichnungen und dem der Sichtbarmachung einer Haltung, die in dem tief in die Geschichte reichenden Gedächtnis des benutzten Verfahrens verborgen lag; diese wurde durch die Graphik direkter und offener sichtbar als in der Malerei, die aufgrund der Thematik gleich Mißverständnissen ausgesetzt war.

Von der Grausamkeit und Einsamkeit der Metaphern Lautréamonts und Artauds in seiner Haltung bestätigt, drängte er die Farbe des Tachismus zur Evokation einer unwirklichen, halluzinatorischen Traumwelt, in der eine aggressive Sexualität das Leiden des Individuums und die Kritik daran veranschaulichte. Die zerstörerische Kraft der Themen beschwor aus dem schwarzen Bildgrund fesselnde farbige Visionen. Während jedoch die Farbe bedingt war durch die phantastischen Themen, setzte die Graphik dort ein, wo der Künstler zum eigenen Frühwerk, zum Herausschleudern der Themen aus einem existenziellen Widerstand eine Distanz gewonnen hatte, die einen kontrollierten Einsatz des aggressiven Potentials ermöglichte. Die Funktion der Graphik in der damaligen Entwicklung des Werkes von Baselitz kann so verstanden werden, daß die Ikonographie des zeichnerischen Frühwerks nicht mehr als biographisch notwendig, sondern als künstlerisch behauptend eingesetzt wurde.

Das bis heute noch sehr summarisch rezipierte ›Frühwerk‹ des Malers begann sich zu klären, und seine verschiedenen Möglichkeiten traten differenzierter auseinander. Baselitz hatte den Punkt seiner Entwicklung erreicht, wo sich das Problem des Stils in aller Schärfe stellte. Ein programmatisches Werk wie *Große Nacht im Eimer* (Abb. S. 10) von 1962/63 setzte sich zwar gegen die tachistische Kunst thematisch ab, es wurde aber mit den Mitteln der tachistischen Malerei realisiert. Dies änderte sich im Folgenden. Eine Schlüsselstellung in dem Klärungsprozeß des Jahres 1964 kommt dem Werk *Oberon* zu, das mit den ersten ungefähr fünfzehn Radierungen zusammenhängt. Dieses Bild blieb im malerischen Werk eigentlich folgenlos. Baselitz erläuterte in einem Gespräch mit Johannes Gachnang, das 1975 stattfand, sehr genau die Aufgabe und Eigenart von *Oberon*:

»Um Malerei ging es dabei überhaupt nicht, es ging allein um die Thematik und um das ›Sich absetzen‹ vom Rest … von den Versuchen, die rundum angestellt wurden und die immer so auf Gleichmacherei hinausgingen, wo also fleißig addiert, fleißig auf einer Tradition aufgebaut wurde, die gar nicht mehr existierte, wo ständig für neue Erfindungen ein Vater gesucht wurde, wo z.B. Gustave Moreau von ganz bestimmten Theoretikern des Tachismus als Vater des Tachismus aufgeführt wurde. Das ist mir absolut unverständ-

Oberon, 1964. Öl auf Leinwand, 250 × 200 cm. Privatsammlung

Oberon, 1963/64. Radierung, 30 × 24,8 cm (Jahn 2) (Kat. Nr. 2)

cienne du procédé employé; cette attitude était plus directement et plus franchement visible dans la gravure que dans la peinture, que sa thématique exposait immédiatement à des malentendus. Confirmé dans son attitude par la cruauté et la solitude des métaphores de Lautréamont et d'Artaud, il contraignit la couleur du tachisme à évoquer un monde imaginaire, irréel, hallucinatoire, où une sexualité agressive traduisait la souffrance de l'individu et une volonté critique. La force destructrice des thèmes faisait surgir sur le fond noir de l'image des visions colorées captivantes. Alors que la couleur était conditionnée par les thèmes fantastiques, la gravure fit son apparition là où l'artiste avait pris ses distances par rapport à sa propre œuvre de jeunesse, par rapport à des thèmes résultant d'une résistance existentielle; cette nouvelle distance permettait une intervention contrôlée du potentiel agressif. Si l'on cherche à comprendre la fonction de la gravure dans l'évolution de l'œuvre de Baselitz à cette époque, on peut sans doute affirmer que l'iconographie n'était plus employée désormais comme une nécessité biographique, mais comme une affirmation artistique.

L'‹œuvre de jeunesse› du peintre, à laquelle on n'a encore réservé qu'un accueil très circonspect, commença à s'épurer, laissant apparaître ses diverses possibilités. Baselitz avait atteint le point de son évolution où le problème de style se posait dans toute son acuité. Une œuvre à programme comme *Große Nacht im Eimer (La grande nuit foutue,* ill. p. 10) formait un contraste thématique avec l'art tachiste, tout en recourant aux procédés de celui-ci. Cela devait changer par la suite. Dans ce processus de décantation de 1964, *Obéron* occupe une position clef. Cette toile est liée à la première série d'eaux-fortes, comptant une quinzaine d'estampes. Ce tableau est resté sans suites à proprement parler dans l'œuvre picturale de l'artiste. En 1975, dans un entretien avec Johannes Gachnang, Baselitz a expliqué avec une grande précision le but et la particularité d'*Obéron*: «L'important en l'occurence n'était absolument pas la peinture; seuls importaient la thématique et le ‹démarquage› par rapport au reste… par rapport aux tentatives alentour, qui tendaient toujours au nivellement; on ajoutait donc consciencieusement, on construisait consciencieusement sur une tradition qui n'existait même plus, on cherchait perpétuellement un père à de nouvelles inventions; Gustave Moreau par exemple était cité par des théoriciens du tachisme parfaitement catégoriques comme le père du tachisme. Je n'ai jamais pu comprendre ça, car Moreau par exemple, était une figure que j'ai beaucoup aimée, et je ne songe pas du tout en l'occurence au tachisme ou à la tradition tachiste. C'est à cette époque que j'ai peint Obéron.»

La simple évocation des noms de Gustave Moreau et de Charles Meryon donne déjà à entendre qu'il ne faut pas interpréter les toiles et les gravures de Baselitz comme une réaction a priori à l'abstraction gestuelle non figurative. Ba-

than it can be in painting, which is so much more readily misunderstood.

Whis his attitude confirmed by the cruelty and solitude of the metaphors of Lautréamont and Artaud, Baselitz drove his Tachist colour marks towards the evocation of an unreal, hallucinatory dream-world, in which aggressive sexuality both illuminated the suffering of the individual and commented upon that suffering. The destructive energy of the theme conjured up captivating, colourful visions from the black pictorial space. While colour was conditioned by his fantastic subject-matter, Baselitz's graphic works were produced at a time when he had distanced himself from his early work and from themes rejected as a result of existential opposition. This detachment permitted a controlled use of the aggressive potential of his imagery. Within the development of Baselitz's œuvre in those years, the function of the graphic medium can thus be understood as follows: the iconography of the early graphic work is no longer perceived as biographically based but as dominant expressive imagery.

The 'early work' of the painter, which up to this point had still only been summarily reviewed, began to emerge more clearly in its numerous diverging possibilities. Baselitz had reached a point in his development when the problem of style arose with the utmost urgency. Although a work such as *Great Night down the Drain (Große Nacht im Eimer,* 1962/63, fig. p. 10) was far removed, in terms of subject-matter, from Tachist art, it was realised by means of Tachist painting. Subsequently, this was to change. The painting *Oberon,* closely related to Baselitz's first 15 or so etchings, holds a key position in this process of clarification in 1964. Although this work had no specific successors in Baselitz's œuvre, he elaborated in very precise terms on the role and character of *Oberon* in an interview with Johannes Gachnang in 1975:

'It was not a painterly concern at all, it was solely a question of subject-matter and "detaching oneself" from the attempts undertaken all around, constantly aiming at equalisation (Gleichmacherei), diligently adding up, diligently building upon a tradition that did not exist any more, when for example, Gustave Moreau was hailed by certain theorists of Tachism as the father of Tachism. To me, this has remained absolutely incomprehensible, because Moreau was a character I have always deeply appreciated, and I do not just mean the Tachists or the Tachist tradition. This was the time when I painted *Oberon.'*

When mentioning the names of Gustave Moreau and Charles Meryon, it becomes apparent that Baselitz's paintings and graphic works are not to be interpreted as a superficial reaction to non-figurative gestural abstraction. Such an intention could have been realised to much greater effect by using figurative stylistic elements. The opposite, the pro-

lich geblieben, denn Moreau war z. B. eine Figur, die ich sehr geliebt habe, und dabei meine ich keineswegs den Tachisten oder die Tradition der Tachisten. Das war die Zeit, als ich Oberon gemalt habe.«

Wenn die Namen von Gustave Moreau und Charles Meryon erwähnt werden, ergeben sich hieraus Hinweise darauf, daß Malerei und Graphik von Baselitz nicht als eine vordergründige Reaktion auf die ungegenständliche gestische Abstraktion zu interpretieren sind. Eine solche Absicht hätte Baselitz wirkungsvoller und deutlicher mit der Verwendung realistischer Stilformen erreichen können. Der Gegensatz, das »Sich absetzen« versichert sich eines künstlerischen Potentials, das mit dem Symbolismus und der Romantik verbunden war. Baselitz wandte sich gegen die Verwendung lediglich der Oberflächenstruktur von Moreau, da es ihm um die ›Figur‹, das heißt, um den gesamten künstlerischen Kosmos und die Haltung Moreaus ging. Es wird deutlich, daß nicht die Technik der modernen Kunst im Mittelpunkt stand, die sehr leicht zu beherrschen war, sondern die Problematik der modernen Kunst, ihre Beziehungslosigkeit und Einsamkeit in der Gesellschaft. Um dies auszusprechen und ins Bild bringen zu können, führte Baselitz jenen Bruch mit der ›Malerei‹ herbei, der sich in dem Gemälde *Oberon* manifestierte. Er sagte selbst von diesem Werk, daß es aus einer Konstruktion besteht, die weder malerisch noch sonst bildhaft ist.

Mit den Zeichnungen aus der Umgebung dieses Werkes setzten sich die ersten Radierungen von 1964 auseinander, nachdem ein einzelnes Blatt, *Kreuz und Herz,* vorher entstanden war. Dieses Blatt knüpfte an Kreuzdarstellungen an, wie sie seit 1960 im zeichnerischen Werk von Baselitz vorkamen. Es waren hochformatige Blätter, die das Kreuz, umgeben von Landschaftselementen und besetzt mit Körperteilen wie Köpfen und Herzen zeigten. Die erste Radierung entstand in der Kombination von Ätzung und Kaltnadeltechnik. Die Effekte dieser unterschiedlichen Behandlung der Platte verbanden sich jedoch nicht zu einer einheitlichen Bildwirkung; die Integration von flächigen und linearen Elementen, die durch die verschiedenen Techniken hervorgebracht wurden, gelang nicht. Dies ändert sich in der Gruppe von Darstellungen, die mit dem *Oberon*-Thema zusammenhängt und sich auf Zeichnungen bezieht, die nicht mit dem ausgeführten Gemälde identisch sind. Mit *Oberon* (Abb. S. 12) erscheint in der Graphik zum einen das Motiv der langhalsigen Köpfe, jetzt *Idole* genannt, und das Thema der Landschaften mit Tieren, Pilzen und Baumstämmen. Die blockierte Sexualität, die in *Große Nacht im Eimer* und ähnlichen Werken von 1962/63 aggressiv benutzt wurde, verschlüsselt sich in den Radierungen entsprechend dem Wandel zu *Oberon.* Die phantastischen Räume verschwinden, die präzis-plastischen Formen stehen vor fast leerem Hintergrund oder in der Landschaft vor hohem Horizont.

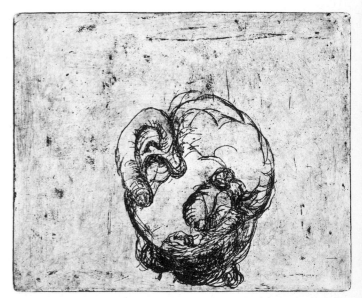

Kopf–Ohr, 1964. Radierung, 24,5 x 29,8 cm (Jahn 7) (Kat. Nr. 6)

Idol, 1964. Radierung, 30,5 x 24,8 cm (Jahn 6)   (Kat. Nr. 5)

14

selitz aurait pu réaliser une telle intention beaucoup plus efficacement et beaucoup plus clairement en recourant à des formes stylistiques réalistes. Pour parvenir au contraste, au ‹démarquage›, il s'empare d'un potentiel artistique lié au symbolisme et au romantisme. Baselitz s'est opposé à l'utilisation exclusive de la structure superficielle de Moreau; car, pour lui, ce qui importait, c'était la ‹figure›, c'est-à-dire l'ensemble de l'univers artistique de Moreau, son attitude. On comprendra que le point central n'était pas la technique de l'art moderne, très facile à maîtriser, mais sa problématique, son manque de liens, son isolement dans la société. Cela, Baselitz l'exprima et l'illustra en provoquant dans *Obéron* une rupture avec la ‹peinture›. Il a lui-même déclaré au sujet de cette œuvre qu'elle consiste en une construction qui n'est ni picturale, ni du reste figurative.

Les premières gravures de 1964 portaient sur des dessins réalisés autour de cette toile, après la naissance préliminaire toutefois d'une œuvre isolée, *Kreuz und Herz (Croix et cœur)*. Cette planche se rattachait aux représentations de croix apparues dans les dessins de Baselitz depuis 1960. Il s'agissait des planches verticaux, représentant une croix entourée d'éléments de paysage, et occupé par des fragments de corps, tels que des têtes et des cœurs. La première gravure associait la technique de l'eau-forte et celle de la pointe sèche. Les effets de ce traitement varié de la planche ne se lièrent pas en une image homogène; la fusion des éléments de surface et de lignes créés par ces différentes techniques ne se fit pas. On observe un net changement dans la série de gravures liées au thème d'*Obéron*; elles se réfèrent à des dessins qui ne sont pas identiques à la toile en question. *Obéron* (ill. p.12) marque l'apparition dans la gravure de Baselitz du motif des têtes à long cou, appelées à présent *Idol (Idole)* et du thème des paysages peuplés d'animaux, de champignons et de troncs d'arbres. Conformément à la transformation perçue dans *Obéron,* la sexualité contrainte, mise en œuvre agressivement dans *La grande nuit foutue* et dans des œuvres analogues de 1962/63, devient codée dans les gravures. Les espaces fantastiques disparaissent, les formes plastiques précises sont placées devant un arrière-plan presque vide ou dans le paysage, devant un horizon élevé.

Ces œuvres se caractérisent par le contraste entre des formes rondes, volumineuses, et le fond de l'image ou le fragment de paysage. Il en résulte la représentation d'un objet suspendu, détaché du bord de l'image, par exemple *Kopf-Ohr (Tête-Oreille)* (1964). Aux formes circulaires, rondes, suspendues, qui semblent incarner le ‹détachement› en tant que tel, correspond le ‹chiffrage› du matériel thématique en signes graphiques; par leur concours, ceux-ci engendrent un objet fictif, sans jamais appartenir au domaine de la reproduction. Ils sont en un sens inventés ou construits, c'est-à-dire abstraits; ils ne possèdent en effet

cess of detachment, ensures an artistic potential closely linked with Symbolism and Romanticism. Baselitz turned against the use only of Moreau's surface structures, as he was concerned with the 'figure', i.e. Moreau's attitude and his entire artistic cosmos. It becomes evident that the technique of modern art, which was very easy to master, was not the crucial issue but the problems of modern art and its isolation and lack of effect within society. In order to articulate this and to be able to incorporate these ideas into an image, Baselitz brought about that break with 'painting' manifested in *Oberon.* He himself said of this work that it consists of a construction neither painterly nor 'image-like'.

After a single print, *Cross and Heart,* the first etchings of 1964 dealt with drawings closely related to *Oberon. Cross and Heart* was concerned with representations of the cross which had appeared in Baselitz's drawings since 1960. These drawings were vertical sheets showing the cross surrounded by landscape studded with anatomical elements such as heads and hearts. This first etching employed a combination of drypoint and etching but the results of these differing treatments did not, however, fuse into a homogeneous image; the integration of non-linear and linear elements through the two different techniques was unsuccessful. This changed with the series of prints linked to the *Oberon* theme; these were based on drawings which are not identical with the finished painting. Referring back to *Oberon* (fig. p.12), the graphic works incorporate both the long-necked heads, now called 'Idols' and the landscape elements together with animals, fungi and tree-trunks. Repressed sexuality, so aggressively employed in *Great Night down the Drain* and similar works of 1962/63 appears encoded in the etchings, which correspond to the changes in *Oberon.* The fantastic spaces disappear; precise, plastic shapes are placed against an almost empty background or in a landscape against a high horizon.

The prints are characterised by the contrast of round, voluminous shapes in relation to the background or the landscape details. This results in the illusion of a floating object, such as *Head-Ear* (1964), completely detached from the edge of the picture. These circulating, round, floating shapes, seemingly embodying the process of 'detachment' as such, form a straight analogy to the encoding of the thematic elements into graphic signs, the interaction of which results in a fictitious object which is never figurative. To a certain extent they are invented or constructed, i.e. abstract, as they do not perform any specific function of reference. By means of the graphic technique a plane of figuration could be determined that can neither be compared to the characteristics of illusion created by colour, nor to descriptive drawing. The construction of a print can best be shown by means of a work such as *Idol*. A variety of details comes into existence as 'scribbles', apparently accidentally.

Der Kontrast runder, voluminöser Formen zum Bilduntergrund oder zum Landschaftsausschnitt charakterisiert die Blätter. Es folgt daraus die Vorstellung eines vom Bildrand losgelösten schwebenden Objektes, zum Beispiel *Kopf-Ohr* (1964). Den kreisenden, runden, schwebenden Formen, die das ›Loslösen‹ als solches zu verkörpern scheinen, entspricht die Verschlüsselung des thematischen Materials in graphische Zeichen, die aus ihrem Zusammenwirken einen fiktiven Gegenstand ergeben, ohne jemals abbildhaft zu sein. Sie sind in gewisser Weise erfunden oder konstruiert, das heißt abstrakt, da ihnen keine direkte Verweisungsfunktion zukommt. Mit Hilfe der graphischen Technik ließ sich eine Ebene der Bildhaftigkeit fixieren, die weder mit Eigenschaften der Illusion der Farbe noch mit einer beschreibenden Zeichnung zu vergleichen ist. Der Aufbau eines graphischen Blattes kann an einem Werk wie *Idol* beispielhaft gezeigt werden. Manches Detail entsteht gleichsam als Kritzel, wie zufällig. Linien sind nachgezogen, verdoppelt, verstärkt, korrigiert, zerschrieben. Es scheint so, als ob das Ausweichen der Radiernadel vor der definierenden Linie zum Prinzip der graphischen Arbeit gemacht sei. Der Umriß des Gegenstands leistet schon Binnenzeichnung, die kreisenden Linienstrudel auf der Stirn dehnen den Umriß von innen nach außen. Die symmetrischen Körperpartien sind verschoben und dazu verschieden behandelt. Diese Beobachtungen basieren nicht auf Informationen des Themas oder Motivs, sondern allein auf der Art und Weise, wie die graphischen Elemente benutzt sind. Eine formale Eigenschaft der Radierungen von Baselitz liegt darin, daß die graphischen Elemente im Vergleich zur vorgestellten plastischen Imagination von einem kleinen Maßstab bestimmt sind. Das ergibt eine gewisse Spannung in der Kapazität der Striche, Punkte, Kreislinien etc. zum gesamten Motiv, ja zum Blattformat. Jedes dieser Details führt neben seinem Beitrag zum Gesamten eine eigene, losgelöste Existenz vom Motiv. Jede Spur der Nadel, die von der Platte aufgenommen wird, gehört sowohl der Materialität der Platte an, der sie ihre Existenz verdankt, als auch dem Motiv, dem es im Verein mit allen anderen Eingrabungen dient. Statt aus einschließenden, definierenden Linien ergibt sich die Großform aus dem Kontrast von leerem Bildgrund und Motiv. Dies kommt in dem schon beschriebenen Losgelöstsein des Motivs zum Ausdruck. Die Einheitlichkeit des Bildraumes als Illusionsraum, in dessen Grenzen der Maler etwas geschehen läßt, wurde aufgehoben in eine Epiphanie, in die Imagination einer ungesehenen Realität, die der Konstruktion der Radierung entstammt – gleichsam herausgerissen aus dem Plattengrund – gleichsam aus dem Reich des absolut Anderen, aus der Phantastik des Pandämonium in die Wahrscheinlichkeit der Bildkonstruktion gezogen. Die Errungenschaft der Graphik liegt in ihrer von der Farbe losgelösten Imagination. Die Verschlüsselung der

Hund, 1964. Ergänzte Übertragungszeichnung, 25 x 31,4 cm. Öffentliche Kunstsammlung Basel, Kupferstichkabinett (Inv. 1970.98 verso)

Hund, 1964. Radierung, 24,5 x 31 cm (Jahn 10)   (Kat. Nr. 7)

aucune fonction de référence. La technique de la gravure a permis de fixer un niveau de figuration que l'on ne peut comparer ni aux particularités de l'illusion chromatique, ni à un dessin descriptif. Une œuvre comme *Idole* par exemple, permet de montrer la construction d'une gravure. Plusieurs détails apparaissent simultanément comme un griffonnage, comme par hasard. Les lignes sont reprises, renforcées, corrigées, raturées. On dirait que la dérobade de la pointe sèche devant la ligne précise a été érigée en principe de travail graphique. Le contour de l'objet crée déjà un dessin interne, les tourbillons circulaires de lignes sur le front dilatent le contour de l'intérieur vers l'extérieur. Les éléments corporels symétriques sont soumis à un décalage, ainsi qu'à un traitement varié. Ces observations ne se fondent pas sur des informations du thème ou du motif, mais exclusivement sur la manière dont les éléments graphiques sont utilisés. Les eaux-fortes de Baselitz présentent une particularité formelle: par rapport à l'imaginaire plastique représenté, les éléments graphiques sont définis par une petite échelle. Il en résulte une certaine tension entre la dimension des traits, des points, des lignes circulaires etc. et le motif d'ensemble, voire le format de la planche. Parallèlement à sa contribution à l'ensemble, chacun de ces détails mène une existence propre, détachée du motif. Chaque trace de la pointe, fixée par la planche, appartient autant à la matérialité de cette dernière, à laquelle elle doit son existence, qu'au motif qu'elle détermine avec le concours d'autres tailles. La forme générale ne naît pas de lignes dont la fonction serait de cerner, de définir, mais du contraste entre le fond vide de l'image et le motif. Ce phénomène s'exprime dans le ‹détachement› du motif déjà évoqué. L'homogénéité de l'espace figuratif conçu comme espace illusioniste, à l'intérieur duquel le peintre crée un événement, a été abolie; il s'agit désormais d'une théophanie, de l'imagination d'une réalité invisible, qui naît de la construction de la gravure — comme soustraite au fond de la planche —, comme tirée du domaine de l'Autre absolu, du fantastique du pandémonium, dans la vraisemblance de la construction de l'image. La conquête de la gravure réside dans son imagination détachée de la couleur. Le chiffrage des thèmes issus d'une iconographie sexuellement agressive comme celle de *La grande nuit foutue* en un monde imaginaire, qui semble surgir de la planche, offre à Baselitz une stratégie artistique à plusieurs niveaux. L'œuvre picturale se voit en partie déchargée de problèmes et de formes qui, dans la reproduction, se font plus objectifs, pourrait-on dire, mais également plus disponibles.

L'espace imaginaire propre de la gravure fait cependant apparaître dans toute son acuité le problème de la construction de l'image; car l'artiste ne pouvait et ne voulait plus se fier exclusivement à la thématique. Sa première série d'eaux-fortes avait permis à Baselitz d'acquérir, à l'aide de procédés simples, des connaissances sur les effets et les

Lines are reinforced, duplicated, redrawn, corrected and descriptively diffused. The careful manœuvering of the etcher's needle around the defining line appears to have been elevated to a principle of the graphic production. The contours of the object establish a framework and the circulating linear whirlpool on the forehead stretches the contours from within. The symmetrical parts of the body are displaced and in addition, treated differently. These observations are not based on information transmitted by subject-matter or motif, but simply by the way the graphic elements are utilized. One formal characteristic of Baselitz's etching is that the graphic elements, compared to the plastic imagination represented, are determined on a small scale. The result is a specific tension in the relation between the strokes, dots, undulating lines, etc. and the whole of the motif or even the whole image. In its contribution to the whole, every single detail pursues a detached, independent existence in relation to the motif. Every trace of the needle recorded by the plate belongs both to the physicality of the plate (which is responsible for its existence) and to the motif (to which, in combination with all other marks, it is subservient). Instead of restrictive, defining lines, the complete form is created by the contrast between empty pictorial space and the motif. This is expressed by the previously described 'detachment' of the motif. The uniformity of the illusory picture space in the confines of which the painter makes things happen, was elevated to an Epiphany, into the conjouring of an unperceived reality which stems from the construction of the etching — torn, as it were, from the surface of the plate and drawn from the realm of the absolutely different, from the wild fantasy of *Pandemonium* into the probability of the pictorial construction. The achievement of the graphic works lies in their imagination, and in their independence from colour. The transformation of the subject-matter from sexually aggressive iconography as found in *Great Night down the Drain* into an imaginative world that seems to emerge from the plate, enables Baselitz to pursue an artistic strategy on different levels. The painterly œuvre is partially relieved of certain problems and forms which, when printed, are rendered both objective and continuously available. Within the inherently imaginative realm of an etching the problem of pictorial construction presents itself with utmost clarity. The artist could no longer — nor wished to — rely on subject-matter alone. Employing simple processes for the first series of etchings, Baselitz had acquired knowledge about the effects and possibilities of these techniques. He used the method of transferring a drawing onto a wax-coated plate. The comparison of a traced drawing with subsequent additions (fig. p. 16) with its wax-speckled verso, and the printed etching *Dog* (fig. p. 16) may serve as an explanation. The course of the printed lines corresponds fairly accurately to the transferred reproduction of the drawing. The lines created by the

Themen aus einer sexuell-aggressiven Ikonographie wie in *Die große Nacht im Eimer* in eine imaginative Welt, die der Platte zu entsteigen scheint, ermöglicht Baselitz eine künstlerische Strategie auf mehreren Ebenen. Das malerische Werk wird teilweise entlastet von bestimmten Problemen und Formen, die in der Reproduktion gleichsam objektiv, aber auch weiter verfügbar gemacht werden. Mit dem eigenen Raum der Imagination in der Radierung entsteht jedoch in aller Schärfe das Problem der Konstruktion des Bildes; denn auf die Thematik allein konnte und wollte der Künstler sich nicht mehr verlassen. Baselitz hatte in der ersten Gruppe von Radierungen sich mit Hilfe einfacher Verfahren Kenntnisse über Wirkung und Möglichkeiten der Technik erworben. Er benutzte das Verfahren des Durchpausens einer Zeichnung auf die mit Wachs überzogene Platte. Hierfür kann die Gegenüberstellung einer ergänzten Übertragungszeichnung (s. S. 16), ihrer mit Wachslinien behafteten Rückseite und der gedruckten Radierung *Hund* als Erläuterung dienen (s. S. 16). Der Duktus der gedruckten Linien entspricht ziemlich genau dem zeichnerischen Nachvollzug der Vorlage. Die im Druck erzielten Linien sind weich und breit. Sie wurden in den ersten entstandenen Blättern ergänzt durch kleine geätzte Flecken, die sich losgelöst vom Motiv in die Linienknäuel setzen. Dies ist zu beobachten in *Köpfe, Oberon* oder *Hunde*. Eine solche Kombination war ja auch schon in dem Blatt *Kreuz und Herz* versucht worden. Diese erste Gruppe von Radierungen prägte noch keinen einheitlichen graphischen Stil aus. Die jeweils reproduzierte Zeichnung bestimmte die Erscheinung der Drucke stärker als die Eigengesetzlichkeit der Radierung. Diese gelangte erst dann zu ihrem Recht, als Baselitz von der weichzeichnenden Methode des Durchpausens abging und die Kaltnadeltechnik anwandte, die partiell und untergeordnet in einigen der oben genannten Drucke schon vorkam. Erst das Blatt *Idol* von 1964 setzt die Radiernadel wie eine Zeichnung in der Platte ein, wenn auch das Blatt *Kopf-Ohr* trotz der Durchpaustechnik in vergleichsweise dünnen Linien geätzt war. Gerade jene Motive also, in denen nach den Tier- und Landschaftsstücken sich die Geburt der Figur in der Bildwelt von Baselitz ankündigte, wurden in der eigentlich graphischen Manier der Kaltnadelradierung ausgeführt. *Oberon* vollzieht den ersten Schritt nach dem *Pandämonium* zur Errichtung einer Bildwelt als Konstruktion, als Spekulation, aus dem Kopf. Die so bezeichnete Verschlüsselung der phantastischen Motive in den Blättern, die mit *Oberon* zusammenhängen, ermöglichte eine größere Wahrscheinlichkeit der Darstellung. Erst jetzt konnte ein Kopf, wenn auch als *Idol* verformt, erscheinen, erst jetzt konnte auch die Figur als solche sich ausbilden. Der Vergleich einer Kohlezeichnung, datiert 1962, eines Aquarells von 1963 und der Radierung *Drei auf einer Bank,* entstanden 1964, erschließt einen Einblick in die Wandlung, die 1964 stattfand. Es erschien in der

Ohne Titel, 1962. Kohle, 35 × 29 cm

Drei auf einer Bank, 1964. Radierung, 34 × 24,8 cm (Jahn 17)

possibilités de cette technique. Il utilisa le procédé du décalquage du dessin sur la planche recouverte de vernis. La comparaison entre le dessin calqué avec des suppléments postérieurs (ill. p. 16), son verso parsemé de lignes de cire, et la gravure achevée intitulée *Hund (Chien*, ill. p. 16) apporte quelques éclaircissements à cet égard. Le tracé des lignes imprimées correspond à peu près exactement à la restitution du modèle dessiné. Les lignes obtenues par la gravure sont molles et larges. Dans les premières planches, elles ont été complétées par de petites taches obtenues par morsure de l'acide, qui s'insèrent dans l'enchevêtrement des lignes sans tenir compte du motif. On peut observer ce phénomène dans *Köpfe (Têtes), Obéron* ou *Chien.* La planche *Croix et cœur* s'efforçait déjà de réaliser cette combinaison. Cette première série d'eaux-fortes n'exprimait pas encore d'unité stylistique. L'aspect de chaque gravure dépendait davantage du dessin reproduit que des lois propres de l'eau-forte. Celles-ci n'entrèrent pleinement en vigueur que lorsque Baselitz passa de la méthode du dessin décalqué, plutôt mou dans sa définition à la technique de la pointe sèche, qui intervenait déjà de façon partielle et secondaire dans quelques-unes des gravures évoquées ci-dessus. *Idole* (1964) est la première gravure où la pointe est employée pour dessiner sur la planche; ajoutons toutefois que, malgré la technique du décalque, *Tête-Oreille* comportait des tailles fines comparables. Ainsi, les motifs où, après les représentations d'animaux et de paysages, s'annonçait l'apparition du personnage dans le monde figuratif de Baselitz, ont précisément été exécutés grâce à la technique spécifique de la taille-douce. Après le *Pandémonium, Obéron* accomplit le premier pas vers la création d'un monde figuratif conçu comme une construction, comme une spéculation intellectuelle. Dans les gravures liées à *Obéron,* le chiffrage des motifs fantastiques que nous avons évoqué a permis une plus grande vraisemblance de la représentation. A présent seulement, l'apparition d'une tête, même déformée en *Idole,* l'élaboration d'un personnage en tant que tel, pouvaient se produire. La comparaison entre un dessin au fusain daté de 1962, l'aquarelle de 1963 et la gravure *Drei auf einer Bank (Trois sur un banc)* réalisée en 1964 permet de se faire une idée de la transformation intervenue en 1964. On voit apparaître dans la gravure un type de personnages qui va se maintenir jusqu'aux *Helden (Héros)* de l'année suivante. Ce type surgit donc dans les dessins et les gravures avant le séjour florentin que l'on présente fréquemment comme l'origine des premières images de personnages, comme par exemple les représentations du *Dichter (Le poète).* Ainsi, chez Baselitz, l'image de personnages prend également naissance au début des années soixante, et non pas au seul contact de la gravure maniériste.

Dans *Trois sur un banc,* on observe une tentative pour parvenir à la vraisemblance de la composition en liant la fi-

printing process appear soft and wide. The first copies of the print were supplemented by small, etched dots, loosely detached from the motif, and incorporated into the linear tangles. This can be observed in *Heads, Oberon,* and *Dogs* and such a combination had already been attempted in *Cross and Heart.* But this first series of etchings had not yet resulted in a homogeneous graphic style. The original drawing determined the appearance of the print to a much larger extent than did the autonomy of etching. Etching only came into its own when Baselitz abandoned the transfer method and used drypoint, which had already been incorporated in some of the prints mentioned to some extent, in a subordinate role. It was only with the print *Idol,* 1964, that he really began to draw with the etching needle even though *Head-Ear,* despite the transfer technique, was etched in comparatively delicate lines. Thus, precisely those motifs in which, after animal and landscape elements, the birth of the figure in Baselitz's pictorial universe was anticipated, were executed in the graphic manner of drypoint. After *Pandemonium, Oberon* ventures towards the establishment of a pictorial universe as a construction, a speculation, derived from imagination. The so-called encoding of the fantastic motifs of the prints linked with *Oberon* made possible a greater reality in representation. Only then could a head, despite its transformation into an 'Idol', materialise; only then could the figure materialise as such. The comparison between a charcoal drawing of 1962, a watercolour of 1963 and the etching *Three on a Bench* (1964) gives insight into the transformation that took place in 1964. In the graphic work, this type of figure gained a stature it was not to lose until the 'Heroes' of the following year. Thus this particular type appears in the drawings and prints prior to Baselitz's sojourn in Florence although the first images of figures, such as representations of the 'Poet', are frequently considered to have resulted from that visit. The figurative pictures therefore date back to the early 60s, and not to his first contacts with Mannerist prints.

The print *Three on a Bench* documents the attempt to arrive at a credible composition through the combination of the figure with a spatial construction. This led to the introduction of the 'Stone Gate' motif that consolidated the borders of the image and, as in the print *Oberon,* created a central void above the heads of the seated individuals. Simply adding the elements 'gate' and 'figure', however, was not enough to create a unified graphic structure. Only by introducing the motif of the 'Herdsman' was an equal balance of content and form achieved. The first etching dealing with this subject-matter incorporates the profile head, already prevalent in the painterly and graphic production of 1963, termed *Ralf-Kopf.* The technical means spontaneously juxtaposed by Baselitz in *Three on a Bench* now serve their purpose. There is the cross-hatching in the background, the dots and strokes, now subservient to both the motif and the creative process

Graphik der Figurentypus, der bis zu den *Helden* des folgenden Jahres Geltung behält. Dieser Typus erscheint also in der Zeichnung und Graphik vor dem Florenzaufenthalt, als dessen Wirkung häufig die ersten Figurenbilder, wie zum Beispiel die Darstellungen des *Dichters*, gelten. Auch das Figurenbild bei Baselitz entstammt also den frühen sechziger Jahren und nicht erst der Berührung mit der manieristischen Graphik.

In dem Blatt *Drei auf einer Bank* wurde der Versuch unternommen, die Wahrscheinlichkeit der Komposition durch die Verbindung der Figur mit einer räumlichen Konstruktion zu erreichen. Dies führte zu der Erfindung des gemauerten Tores, das die Ränder der Darstellung befestigte und eine leere Mitte über den Köpfen der Sitzenden entstehen ließ, ähnlich wie in dem Blatt *Oberon*. Die einfache Addition der Elemente von Tor und Figuren erzeugte allerdings keine einheitliche graphische Lineatur. Erst mit dem Motiv des *Hirten* war sowohl eine inhaltlich wie formal gleiche Basis erreicht. Die erste Radierung dieses Themas ist versehen mit dem seitlich gewendeten Kopf, der im malerischen und zeichnerischen Werk schon 1963 vorkam und als *Ralf-Kopf* bezeichnet wurde. Die Mittel, die Baselitz in *Drei auf einer Bank* unvermittelt nebeneinandergesetzt hatte, erfüllen jetzt ihren Zweck: Dies sind die Schraffuren im Hintergrund, die Punkte und Striche, die jetzt sowohl dem Motiv wie der Arbeit innerhalb der graphischen Struktur dienen. Das Motiv des Mauerdurchbruches wurde im folgenden Jahr neu durchgestaltet in einem Blatt, das eine stehende männliche Figur zeigt, die eine Schubkarre und ein Haus in ihren Händen trägt. Von dieser Platte existiert eine Reihe von Probedrucken, die starke Unterschiede aufweisen und zeigen, daß die Absicht, eine Figur aus dem Bereich des Pandämoniums als graphische Bildkonstruktion zu gestalten, die Ausstrahlung des alten Motivs erhalten und steigern konnte. Zwei weitere Blätter sind aufzuführen, die ebenfalls eine hünenhafte Figur vor einem tiefliegenden Horizont darstellen, der jetzt zum erstenmal in der Graphik Anwendung findet und einen weiten Landschaftsraum suggeriert, *L. R. auf dem Weg zur Arbeit* und *Ohne Titel (Typ)*. Beide haben, im Gegensatz zum *Mauerdurchbrecher* extrem kleine Köpfe, die tatsächlich die Beziehung zu manieristischer Kunst sichtbar machen.

Für die Erfindung der Figuren lassen sich also zwei Quellen nachweisen: das eigene Frühwerk von Baselitz im Jahr 1964 und die Graphik des 16. Jahrhunderts im Jahr 1965.

II

1965 hielt Baselitz sich als Stipendiat der Villa Romana in Florenz auf. Während dieser Zeit entdeckte er die Kunst der italienischen Manieristen und begann, die Graphik dieser Künstler zu sammeln. In Florenz entstanden Landschafts- und Tierstücke, die einen grotesk-märchenhaften Ton an-

Hirte, 1964. Radierung, 24,5 × 19,8 cm (Jahn 18)   (Kat. Nr. 12)

Ohne Titel (zu: Mauerdurchbrecher), 1965. Radierung, 31 × 24,5 cm (Jahn 26)   (Kat. Nr. 18)

gure à une construction spatiale. D'où l'invention du porche maçonné qui stabilisait les bords de l'image et laissait apparaître une zone centrale vide au-dessus des têtes des personnes assises, comme dans le feuillet d'*Obéron.* La simple addition des éléments de porche et de personnages n'engendrait certes pas une structure linéaire homogène. Il faut attendre le motif du *Hirte (Berger)* pour atteindre une unité de contenu et de forme. La première gravure de ce thème présente la tête tournée de côté que l'on a vu apparaître dès 1963 dans les toiles et les dessins et que l'on a désignée sous l'appellation de *Ralf-Kopf (Tête de Ralph).* Les moyens que Baselitz avait juxtaposés sans transition dans *Trois sur un banc* remplissent désormais leur but: ce sont les hachures de l'arrière-plan, les points et les traits qui servent désormais tant au motif qu'au travail à l'intérieur de la structure de la gravure. Le motif de la brèche dans le mur fut repris l'année suivante dans une œuvre qui montre un personnage masculin debout, tenant dans ses mains une brouette et une maison. Il existe toute une série d'épreuves de cette planche qui présentent d'importantes différences; elles montrent que la volonté de faire d'un personnage issu du domaine du *Pandémonium* une construction figurative gravée est parvenue à conserver et à accroître le rayonnement de l'ancien motif. Il convient de mentionner deux autres planches qui représentent également une figure gigantesque devant un horizon lointain; celui-ci trouve ici pour la première fois une application dans la gravure, et suggère un vaste paysage: il s'agit de *L. R. auf dem Weg zur Arbeit (L. R. se rendant au travail)* et de *Ohne Titel (Typ)* [*Sans titre (Type)*]. Contrairement au *Mauerdurchbrecher (Le Perceur de muraille),* les deux personnages ont de très petites têtes, qui témoignent de toute évidence d'une attirance pour l'art maniériste. On peut donc indiquer deux sources pour l'invention des personnages; l'œuvre de jeunesse personnelle de Baselitz en 1964 et la gravure du XVIe siècle en 1965.

II

En 1965, Baselitz séjourna à Florence comme pensionnaire de la Villa Romana. Au cours de cette période, il découvrit l'art des maniéristes italiens et commença à collectionner les gravures de ces artistes. Il réalisa à Florence des paysages et des animaux d'un ton grotesque et fabuleux, qui se différencie des visions agressives, douloureuses, de Berlin. Son intérêt pour le maniérisme offrit à Baselitz des points de repère qui l'aidèrent à quitter le monde imaginaire organique et animal et qui permirent la naissance des représentations de personnages que l'on appelle désormais les *Héros* ou les *Types.* Ces toiles étaient étroitement liées à la gravure ainsi qu'aux expériences italiennes, aux représentations de métiers des estampes populaires et aux œuvres des artistes de l'Ecole de Fontainebleau. L'attitude anticlassique de ces sources figuratives attira l'attention de Baselitz; et en s'inté-

within the graphic structure. The imagery of *Breaking through a Wall (Mauerdurchbruch)* was reworked in a print of the following year – this work shows an upright male figure holding a house and a wheelbarrow. A number of artist's proofs exist from this plate; they all show clear variations that seem to illustrate the fact that the intention to create a figure out of the realm of *Pandemonium* as a graphic pictorial construction enabled the effect of the original motif to be retained and even heightened. Two further prints, *Untitled (Type)* and *L. R. on the Way to Work*, deserve mention. They, too, represent gigantic figures set against a low horizon, a device that appears for the first time appears in Baselitz's graphic production, and suggests the landscape of infinity. As opposed to the *Wall Breaker (Mauerdurchbrecher)* (fig. p. 20), both figures have extremely small heads which indeed reveals their origins in Mannerist art. Two sources can be traced for the creation of these figures: Baselitz's own early work of 1964, and 16th century prints, first encountered in 1965.

II

As the recipient of a scholarship from the Villa Romana in 1965, Baselitz spent the year in Florence. During this period, he discovered the art of the Italian Mannerists and started to collect their works. In Florence Baselitz began to introduce landscape and animals into his work, adopting a grotesque fairytale mood very different from the aggressive, agonizing visions of Berlin. Confronted with Mannerism, Baselitz discovered points of reference that led out of his organic-animalistic dream cosmos and which permitted figurative images, now labelled 'Heroes' or 'Types'. These paintings were closely related to his own graphics as well as to his Italian experiences and to representations of professions in popular prints and the artists of the Ecole de Fontainebleau. The anti-classical attitude of these pictorial sources attracted Baselitz's attention; through his preoccupation with the unorthodox, eccentric spirit of these artists and Schools, he arrived at the establishment of the figure in his painting. After the *hypothesis paintings* which were not far removed from *Great Night down the Drain* or *Oberon,* Baselitz took logical steps to produce work which led from recollections of man's origins, symbolised by landscape and earth, to the formation of the figure as the mask of the 'Ego'. It was possible to develop painting in a way parallel to the individualization of the artist himself. Painterly and individual biographical decisions were very closely related. The inherent tragedy of Baselitz's figures lay in a basic inability to communicate. Thus a genuine affinity with an artist such as Antonin Artaud becomes obvious, an affinity of which Baselitz had long been aware. Society's inability to assimilate and capitalize on his message, which was to be understood as part of his fundamental attempt to create an artistic position, determined

schlagen, der sich von den aggressiven, leidensvollen Visionen aus Berlin sehr unterscheidet. In der Auseinandersetzung mit der manieristischen Kunst fand Baselitz Anhaltspunkte, die aus der organisch-tierischen Traumwelt herausführten und Figurenbilder zuließen, die jetzt als *Helden* oder *Typen* bezeichnet wurden. Diese Gemälde waren mit der Graphik eng verbunden, ebenso mit den Erfahrungen in Italien, mit Berufsdarstellungen in populären Drucken und mit den Künstlern der École de Fontainebleau. Die antiklassische Haltung dieser Bildquellen zog die Aufmerksamkeit von Baselitz an, und in der Auseinandersetzung mit dem unangepaßten, eigenwilligen Geist dieser Künstler und Schulen gelangte er zur Begründung der Figur in seiner Malerei. Nach den Thesen-Bildern in der Nachbarschaft zu den Manifesten (*Große Nacht im Eimer, Oberon*) errichtete Baselitz in logischen Schritten ein Werk, das von der Erinnerung an die Herkunft, symbolisiert durch Landschaft und Erde, zur Ausbildung der Figur als Hülle des ›Ich‹ führte. Die Malerei konnte in einem Prozeß parallel zur Individuation des Künstlers entwickelt werden. Die malerische und die individuell-biographische Entscheidung hingen aufs engste zusammen. Die Tragik der Figuren von Baselitz lag in der grundsätzlichen Schwierigkeit der Kommunikation. Es kommt darin die Affinität zu einem Künstler wie Antonin Artaud zum Vorschein, die Baselitz schon lange gespürt und gewußt hatte. Die Unfähigkeit der Gesellschaft, seine Botschaft aufzunehmen und fruchtbar zu machen, die in dem grundsätzlichen Bemühen um die Schaffung einer malerischen Position zu begreifen war, prägte seine Figuren von 1965: die Heimatlosigkeit inmitten des eigenen Landes. Baselitz beschäftigte sich damals mit russischer Revolutionsliteratur, der die Titel der Heldenblätter manchmal entnommen sind, zum Beispiel *Ein Grüner, Ein Roter.* Er hatte während seiner Jahre in Ost-Deutschland die Heldenikonographie des sozialistischen Realismus erlebt, aber das Schema solch heroischer Propagandakunst wurde in seinen Werken ganz umgedeutet. Seine Figuren leiden an der Außenseitersituation des Rebellen, sie sind beladen mit Symbolen, die in einer Haltung von Vergeblichkeit und Erdulden vorgezeigt werden, und stehen inmitten einer Landschaft, von der sie schon durch den Maßstab getrennt sind. Außerdem erscheinen die Figuren verzerrt, die Perspektive zieht die Körper förmlich auseinander, so daß extrem kleine Köpfe und wuchtig dem vorderen Bildrand entgegengeschobene Gliedmaßen entstehen. Die Zeichnung als Konstruktion trägt diese Figurationen, deren Grundelemente in die Gemälde als Umrißlinien eingebracht sind. Die Korrespondenz von malerischer und graphischer Konstruktion ist in den vergleichbaren Radierungen bis 1966 sehr anschaulich nachzuvollziehen.

Die fortschreitende Verfestigung im Duktus der Striche und die damit verbundene entschlossene Organisation der

Der Hirte, 1965. Radierung, 31,5 x 21 cm (Jahn 28) (Kat. Nr. 20)

ressant à l'esprit nonconformiste, volontaire, de ces artistes et de ces écoles, il parvint à justifier l'apparition de la figure dans sa peinture. Après les images-thèses, les quasi-manifestes *(La grande nuit foutue, Obéron)*, Baselitz créa en suivant un itinéraire logique une œuvre qui conduisait du souvenir des origines, symbolisées par le paysage et la terre, à la formation du personnage, enveloppe du ‹moi›. La peinture suivit un développement parallèle à celui de la personnalité de l'artiste. L'initiative picturale et individuelle, biographique vont de pair. Le caractère tragique des personnages de Baselitz reposait sur une difficulté fondamentale de communication. D'où ses affinités avec un artiste comme Antonin Artaud, affinités que Baselitz avaient déjà senties et reconnues depuis longtemps. L'incapacité de la société à recevoir et à rendre productif un message, qu'il fallait saisir dans son effort fondamental pour établir une position picturale, donna son empreinte à ses personnages de 1965: sans-patrie au sein même de leur pays. Baselitz s'intéressait alors à la littérature révolutionnaire russe, à laquelle sont quelquefois empruntés les titres des estampes de héros, comme par exemple *Ein Grüner, Ein Roter (Un Vert, Un Rouge).* Les années qu'il avait passées en Allemagne de l'Est l'avaient familiarisé avec l'iconographie héroïque du réalisme socialiste; mais dans son œuvre le schéma de cet art de propaganda est totalement détourné de son sens. Ses personnages souffrent de la marginalité du rebelle, ils sont chargés de symboles; ils sont présentés dans une attitude d'inutilité et de souffrance, et se tiennent au milieu d'un paysage dont ils sont séparés ne serait-ce que par l'échelle. En outre, les figures semblent déformées, la perspective étire les corps, engendrant ainsi des têtes minuscules et des membres massifs, poussés contre le bord antérieur de l'image. Construction, le dessin soutient ces figurations dont les éléments fondamentaux sont introduits dans les toiles par les lignes de contour. La correspondance entre la construction picturale et graphique apparaît très clairement dans les gravures comparables jusqu'en 1966.

La solidification progressive du tracé et, parallèlement, l'organisation concise de la surface de l'image, se manifestent dans deux estampes de 1965, *Rebell (Rebelle)* et *Der Hirte (Le Berger).* Dans l'un des cas, le personnage apparaît en réserve claire sur le fond sombre; dans l'autre, une figure noire se tient devant le ciel clair. Le rapport entre l'échelle des éléments de paysage et celle du personnage se rapproche de la vraisemblance, bien que le point de vue extrêmement bas préserve le gigantisme des héros. Les nuances que l'on observe dans ces deux œuvres sont une nouveauté pour la technique de l'eau-forte. Les valeurs de clair-obscur dominent l'image.

La nouvelle signification des tons et des valeurs de clair-obscur se révèle dans une série d'épreuves d'une planche, *Ohne Titel (Sans titre,* ill. p. 24), réalisée à la charnière des

Baselitz's figures of 1965: they had refugee status within the confines of their own country. At that time, Baselitz was preoccupied with the literature of the Russian Revolution, a fact reflected in the titles of his hero-representations: *A Green, A Red.* During the course of his time in East Germany, Baselitz had lived through the heroic iconography of Socialist Realism; this cliché of heroic propaganda art became completely transformed, however, in his own artistic production. His figures suffer from the rebel's status as an outsider, laden with symbols and displayed in an attitude of futility and suffering, alienated from the landscape in which they are placed by there mere scale. Furthermore, the figures appear contorted; the perspective literally tears the bodies apart, creating extremely small heads and limbs powerfully pushed towards the front of the picture plane. The drawing, serving as construction, supports this configuration, the basic elements of which are incorporated into the image as contours. The correspondence between painterly and graphic construction can be clearly demonstrated by examining comparable etchings up until 1966.

The progressive consolidation of the linear layout and the closely related, resolute organisation of the picture surface reveals itself in two prints dated 1965: *Rebel* and *Herdsman.* In the former, a figure is silhouetted against a dark background; the latter portrays a black figure against a bright sky. The relationship between the elements of landscape and figure approach a standard of credibility, although the gigantic proportions of the hero are retained through the extremely low view-point. Both prints show Baselitz's first success in creating tonal values when employing an intaglio technique. Chiaroscuro dominates these prints.

The new-found importance of tonality and chiaroscuro can be traced right back to a series of artist's proofs of the print *Untitled* (fig. p. 24), executed at the turn of 1965/66. The motif of the right-hand figure from *The Great Friends* was incorporated and reworked in five stages. For the first time, aquatint was systematically used for the construction of a print. Therefore, the painterly conception and layout of the ground had been determined before the needle's strokes were superimposed to render the details visible. For the first time, such decisive differences emerged from state to state that many proofs possess an autonomous status within the creative process. The way in which the motif, taken from *The Great Friends,* is interpreted during the various stages of the etching, anticipated the use of relief-printing techniques. During the course of the work on the etching foundations were laid for the liberation of both the linear structure and the tonal value of the plate. Depending on the painterly exploitation of the intaglio, drawn contours or lines either dissolved or solidified into oblong, opaque islands or stains. The image of the body disintegrated and became incorporated into the surface. In this particular example, these

Blattfläche zeigen sich an zwei Blättern von 1965, *Rebell* und *Der Hirte.* Einmal ist die Figur hell aus dem dunklen Fond ausgespart, das andere Mal steht eine schwarze Figur vor dem hellen Himmel. Das Verhältnis von Landschaftsele-menten und Figur nähert sich einem Maßstab der Wahr-scheinlichkeit, obwohl durch die extreme Untersicht die hü-nenhafte Größe der Helden erhalten bleibt. In diesen beiden Blättern erzielt Baselitz zum erstenmal Tonwerte in der Ra-diertechnik. Die Hell-Dunkel-Werte beherrschen das Blatt.

Die neue Bedeutung der Tonigkeit und der Hell-Dun-kel-Werte läßt sich nachvollziehen in einer Serie von Probe-drucken eines Blattes *Ohne Titel* (Seite 24), das an der Wende der Jahre 1965 und 1966 entstand. Hier wurde das Motiv der rechten Gestalt aus *Die großen Freunde* aufge-nommen und in fünf Zuständen durchgearbeitet. Zum er-stenmal wurde die Wirkung der mit dem Pinsel aufgetrage-nen Ätzung systematisch zum Aufbau eines Blattes genutzt. Zuerst war demnach die malerische Anlage der Figur sowie der Fahne und des Untergrunds vorhanden, ehe die Striche der Nadel darübergesetzt wurden, um Einzelheiten deutlich zu machen. Zum erstenmal stellen sich derart gravierende Unterschiede von Zustand zu Zustand heraus, daß manche Probedrucke jeweils ein eigenes künstlerisches Recht im schöpferischen Fortschreiten beanspruchen können. Die Art und Weise, wie das Motiv aus *Die großen Freunde* in den Zuständen der Radierung interpretiert wurde, ließ den Schritt zur Verwendung eines Hochdruckverfahrens erwar-ten. Während der Arbeit an der Radierung hatte sich etwas vorbereitet, das auf eine Verselbständigung sowohl der Li-nienstruktur wie der Tonwerte der Platte hinwies. Aufgrund der ›malerischen‹ Ausnutzung der ätzenden Flüssigkeit verbreiterten und verfestigten sich Kontur- und Binnen-zeichnung zu länglich gestreckten, schwarzen Inseln oder Flecken. Diese lösten das Bild des Körpers auf, dehnten ihn förmlich in der Fläche auseinander. Diese Tendenz wurde im angesprochenen Beispiel durch das Motiv unterstützt, denn gerade nicht der passiv die Arme senkende Typus der Helden wurde aufgenommen, sondern die ungewöhnlich eindrucksvolle Figur aus dem Bild *Die großen Freunde,* die mit einem erstaunten Gesichtsausdruck der Verwandlung des eigenen Körpers gewahr wird. Ihre Gliedmaßen wach-sen, entlang des Umrisses entsteht ein schraffierter Schat-ten, der wie eine Abstrahlung des sich dehnenden Volu-mens erscheint. Rechts und links, also die Körperhälften, unterstehen einem jeweils wechselnden Maßstab, der je-doch nicht eine perspektivische Verzerrung der Darstellung suggeriert wie in früheren Helden-Motiven, sondern ein Zerreißen des Körpers, eine Ausbreitung des eindeutigen Konturs durch auflösende Mutationen und Wucherungen bewirkt. Die Figur mit dem abgewinkelten Arm, der wie eine phallische Kraft ausgebildet ist, erinnert an eine Zeichnung von 1959, die eine stehende Figur mit einem geschwolle-

Ohne Titel, 1965/66. Radierung, 31,5 x 24 cm (Jahn 29). Zwei Zustände abgebildet   (Kat. Nr. 21)

années 1965 et 1966. Le motif de droite est ici emprunté à la silhouette des *Große Freunde (Les grands amis)*; il a été développé en cinq états. Pour la première fois, l'effet de l'eau-forte appliquée au pinceau est utilisé systématiquement pour l'élaboration d'une œuvre. Ainsi, l'esquisse picturale du personnage, ainsi que celle du drapeau et du fond ont existé au préalable, avant que les traits de la pointe sèche ne viennent s'ajouter pour clarifier des détails. On voit pour la première fois se révéler des différences si importantes entre les divers états que plusieurs épreuves pourraient à juste titre passer pour des œuvres d'art à part entière. L'interprétation du motif issu des *Grands amis* dans les différents états de la gravure laissait prévoir l'utilisation d'un procédé d'impression en relief. Au cours du travail à l'eau-forte, on avait deviné les prémices d'une certaine volonté d'autonomie tant de la structure des lignes que des valeurs de ton de la planche. L'emploi ‹pictural› du liquide corrosif amena le dessin de contour et le dessin interne à s'élargir et à se solidifier en îlots ou en taches noires, étirées en longueur. Celles-ci dissolvaient l'image du corps, l'étiraient formellement dans la surface. Dans l'exemple cité, cette tendance fut secondée par le motif; Baselitz en effet n'adopta pas le type du héros baissant passivement les bras; il reprit la figure exceptionellement impressionnante des *Grands amis,* qui, avec une expression étonnée, prend conscience de la mutation de son propre corps. Ses membres s'allongent; une ombre hachurée, qui apparaît comme un rayonnement du volume qui se dilate, surgit le long du corps. La droite et la gauche, c'est-à-dire les deux moitiés du corps, se voient appliquer une échelle différente; celle-ci ne suggère pas une déformation de perspective de la représentation comme dans les motifs antérieurs des *Héros,* mais provoque un déchirement du corps, une extension du contour palpable, par des mutations et des excroissances dissolvantes.

Le personnage au bras replié dont émane une puissance phallique rappelle un dessin de 1959 représentant un personnage debout au bras enflé, ainsi que la toile *Mann im Mond (L'Homme dans la lune),* qui dote la figure du héros d'un bras évoquant un poisson ou un silure. Pour conclure sa période berlinoise, Baselitz exposa le tableau *Les grands amis* et publia son troisième manifeste. On a fréquemment considéré cette œuvre à juste titre, comme la somme des représentations des *Héros* et des *Types.* Cependant, si on se fonde sur la position de chacun des deux personnages, dont l'action est en fait antagoniste, ce tableau incarne les diverses possibilités mises en œuvre dans la peinture de Baselitz à la fin de 1965. Certes, les deux figures appartiennent au type des Héros, mais le fond noir et la symbolique phallique de la figure de droite rappellent les images du *Pandémonium.* En faisant revivre le monde figuratif animal et fantastique de ses dessins de jeunesse, Baselitz introduit dans son œuvre les énergies esquissées par l'interpénétra-

tendencies were supported by the motif, because it was not the passive type of hero humbly lowering his arms that was adopted, but the exceptionally impressive figure from *The Great Friends*, who, with an amazed expression, becomes aware of the transformation of his own body. The figure's limbs extend; a cross-hatched shadow, appearing like the radiation of an expanding volume, grows along its contours. The two halves of the body, on the right and the left hand side, are subject to a changing scale, suggesting not perspective distortion as in earlier hero-motifs, but the dismembering of the body, a diffusion of the clearly-defined contours by means of dissolving mutations and growths. This figure with its bent arm, shaped like a phallic force, is reminiscent both of a drawing dated 1959 representing a figure with a swollen arm, and the picture of the *Man in the Moon* which endows this type of the 'Hero'-figure with an arm conceived in the shape of a fish resembling a catfish.

At the end of the Berlin period, Baselitz exhibited the painting *The Great Friends*, an act that coincided with the publication of his third manifesto. This painting has often been perceived as the summation of the representations of 'Heroes' and 'Types', which is factually correct. If, however, one is prepared to interpret the work from the point of view of the figures, behaving so differently, the image embodies all those various facets to be found in Baselitz's painting at the end of 1965. Naturally, both figures are associated with the type of the 'Hero' yet the black background and phallic symbolism of the right-hand figure are reminiscent of the *Pandemonium* pictures.

By reviving the animalistic-fantastic pictorial universe of his early drawings Baselitz feeds those energies into his work which in the conception of his paintings executed in Osthofen – the next phase in his development, results in the pervasion of the figure into the landscape. Some etchings dated early 1966, such as *Herdsman, The House* (fig. p. 28), and *Sheep*, tried to explore these themes by recalling his early landscape and animal representations. With the help of these early graphic works, the iconography of the seated figures was already prepared; this becomes fundamental to the polychrome woodcuts.

III

The first prints from Osthofen were woodcuts, not etchings as had been made in Berlin. The lack of technical facilities in his new surroundings attracted Baselitz to this most ancient of graphic techniques – he selected this technique from a multitude of other graphic techniques, guided by the instinct of a master who is conscious of the conceptual and technical standards of his achievements. In one of the first woodcuts, referring back to a drawing of 1965, the contours of the drawing are transformed into rigid black lines (figs. pp. 28 and 30).

nen Arm zeigt, und an das Bild *Mann im Mond*, das den Typus der *Helden*-Figur mit einem Arm versieht, der wie ein
Fisch – etwa ein Wels – aufgefaßt ist.

Zum Abschluß seiner Berliner Zeit stellte Baselitz das Bild
Die großen Freunde aus und veröffentlichte dazu ein drittes
Manifest. Dieses Bild ist oft als Summe der *Helden*- und
Typen-Darstellungen verstanden worden, dem zuzustim-
men ist. Liest man das Werk jedoch aus den verschiedenen
Positionen der beiden eigentlich gegensätzlich agierenden
Figuren, so verkörpert das Bild die verschiedenen Möglichkeiten, die sich in der Malerei von Baselitz am Ende von
1965 finden. Natürlich gehören beide Figuren dem Typus
der Helden an, aber der schwarze Untergrund und die phallische Symbolik in der rechten Figur erinnern an die *Pandämonium*-Bilder.

Indem Baselitz die animalisch-phantastische Bildwelt
seines zeichnerischen Frühwerks wiederbelebt, führt er
seinem Werk diejenigen Energien zu, die in der Konzeption
der Bilder aus Osthofen, der nächsten Station seines Le-
bensweges, als Durchdringung von Figur und Landschaft
sich auswirken. Einige Radierungen von Beginn des Jahres
1966, zum Beispiel *Hirte, Das Haus* (Abb. Seite 28), *Das
Schaf,* streben dieses Ziel in Erinnerung an frühe Tier- und
Landschaftsstücke an. Mit Hilfe dieser graphischen Arbeiten
bereitet sich die Ikonographie der sitzenden Figuren vor, die
in den Farbholzschnitten wesentlich wird.

III

Die ersten Blätter aus Osthofen sind Holzschnitte, nicht
mehr Radierungen wie in Berlin. Die fehlenden technischen
Möglichkeiten in der neuen Umgebung stießen Baselitz auf
diese älteste graphische Technik, die mit dem sicheren In-
stinkt desjenigen unter den vielen graphischen Möglichkeiten gewählt ist, der sich über den konzeptuellen und technischen Stand seiner Malerei bewußt ist. In einem der ersten
Holzschnitte, der sich auf eine Zeichnung von 1965 bezieht,
verwandeln sich die Begrenzungslinien der Zeichnung in
Stege, die schwarz drucken (Abb. S. 28 und 30).

Die Tonplatte erzeugt beim Drucken eine ziemlich
gleichmäßige, von wenigen blitzenden Lichtern erhellte Tonigkeit, die sich wie eine unabhängig gedachte Folie unter
die figürliche Darstellung legt. Die Verwendung der Stege,
das Verhältnis von Tonplatte und Strichplatte verändern sich
in den weiteren Blättern zu einer sich gegenseitig steigern-
den Wirkung, zum Beispiel in *LR* (Abbildungen Seite 30)
und *Partisan* von 1966. Beide Blätter sind übersichtlich und
klar gegliedert, da die jeweils im Zentrum des Blattformates
angeordnete stehende Einzelfigur zugleich das Hell-Dunkel
voneinander trennt. Der Einsatz der Schraffuren wie die
Binnenzeichnung der Figur sind auf die tektonischen Eigenschaften des Holzschnittes abgestimmt, unterstützt von der
Hell-Dunkel-Scheide, die entlang des Konturs der Figur

Die großen Freunde, 1965. Öl auf Leinwand, 250 x 300 cm.
Neue Galerie – Sammlung Ludwig, Aachen

tion du personnage et du paysage dans les œuvres conçues à Osthofen, l'étape suivante de sa vie. Quelques gravures du début de l'année 1966, notamment *Hirte (Berger), Das Haus (La maison,* ill. p. 28) et *Das Schaf (Le mouton),* tendent vers ce but, en évoquant le souvenir des représentations d'animaux et de paysages antérieurs. Ces œuvres gravées préparent l'iconographie des figures assises qui prend une place essentielle dans les gravures sur bois.

III

Les premières œuvres d'Osthofen sont des gravures sur bois et non plus des eaux-fortes comme à Berlin. Le manque de moyens techniques de ce nouvel environnement poussèrent Baselitz vers cet ancien procédé de gravure; celui-ci fut choisi parmi de nombreuses possibilités graphiques avec l'instinct sûr d'un homme conscient de l'état conceptuel et technique de sa peinture. Dans l'un des premiers bois, qui se réfère à un dessin de 1965, les lignes délimitant le dessin se transforment en saillies, qui s'impriment en noir (ill. pp. 28 et 30).

La planche de fond produit à l'impression une tonalité relativement régulière, illuminée de quelques éclairs de clarté; cette tonalité s'étend sous la représentation figurative comme un fond conçu indépendamment. L'utilisation de la saillie, le rapport entre la planche de fond et la planche de trait se modifient dans les œuvres ultérieures pour créer des effets qui se renforcent mutuellement, comme dans *L R* (ill. p. 30) et *Partisan* de 1966. L'articulation de ces deux feuillets est claire et distincte. En effet, la figure dressée et isolée, toujours disposée au centre du format, permet simultanément la séparation du clair et de l'obscur. L'intervention de hachures ainsi que le dessin interne du personnage s'harmonisent au particularités structurales de la gravure sur bois, et sont soutenus par la limite du clair-obscur qui suit le contour de la figure, coordonnant ainsi l'effet des deux planches. La planche de fond ne se charge que des tâches qui se situent dans le domaine chromatique clair, la planche de trait définit les effets noirs. Il reste encore à montrer toute la subtilité avec laquelle Baselitz sait employer les particularités positives et négatives des planches de trait pour relier entre eux le fond clair et les réserves blanches de la planche de trait. La gravure sur bois qui représente un personnage assis tenant un animal sur ses genoux parvient à rendre équivalents l'usage de la hachure et des éléments figuratifs. Le fond de la planche semble comme tiré vers l'avant par les couches de hachures, et pénètre partiellement la figure. Les éléments corporels sont remplacés par des fragments de paysage. L'impression qui en résulte est celle d'un motif composite, d'un puzzle. Par l'interversion et l'interpénétration des fonctions de la planche de trait située au-dessus et de la planche de fond située au-dessous, la gravure sur bois a offert une dimension spatiale à la conception des estam-

During the printing process, the tone block creates a comparatively uniform tonality, spread like a conceptual foil underneath the figurative image and illuminated only by a few glittering highlights. The application of the lines and the relationship between the tone block and the line block are modified in subsequent prints in order to create these dual emphases – examples are *L. R.* and *Partisan* (fig. p. 30), both dated 1966. The two prints are clearly and neatly structured, as in both formats the centrally arranged upright single figure separates the light and dark areas of the block. The application of cross-hatching as well as the contours of the figure correspond to the tectonic characteristics of the woodcut, supported by a chiaroscuro division, running along the outline of the figure and thus co-ordinating the effect of both blocks. The tone block only assumes those functions that lie within the realm of the light colours, the line blocks creates the dark effects. But it remains to be established how subtly Baselitz handles the positive and negative characteristics of the line block in order to combine the light background with the white recesses of the line block. The woodcut representing a seated figure holding an animal in its lap, employs cross-hatching and figurative elements. Through the cross-hatched layers the background of the print appears to be brought forward, and partially penetrates the figure. Parts of the anatomy are replaced by elements of landscape. The impression of a compound motif, a jig-saw puzzle, is created. By means of interchange and interpenetration of tone block and line block, the woodcut permitted the extension of the intellectual construction of the images into space, a realm which came into existence within the material presence of the graphic medium because the underlying colour of the paper enhances both the landscape and the superimposed light areas of the bodies.

The woodcut brings the representation forward towards the very front of the picture plane, instead of permitting the illusion of deep pictorial space. The significance of the printing process, even during the construction of a quasi-physical existence for the sheet, cannot be ignored. While working on *Great Head* (fig. p. 32) Baselitz developed a complex group of proofs and states. The motif fills the horizontally emphasised rectangle like a monumental vision. The origin of the motif 'Head' stretches back to the late 50s, yet is transformed into the *Ralf-Heads* of 1963–65 and *Great Pathos* (1965) through the combination of human head, ear, and canine body – this transformation is epitomised in heads liberated from the black background in the shape of lines and blobs, made when the Berlin period drew to a close. The frontal *Great Head* contains formalised graphic symbols applied where the facial proportions, conditioned by the expansive energy of the volumes, seem to separate. Like the strands of a thick plaited rope, the folds push through the forehead, along the nose, across the mouth, down to the

verläuft, auf diese Weise die Wirkung der beiden Platten ordnend. Die Tonplatte übernimmt nur solche Aufgaben, die im hellen Farbbereich liegen, die Strichplatte erzeugt die schwarzen Effekte. Es bleibt aber festzuhalten, wie subtil Baselitz positive und negative Eigenschaften der Strichplatte zu verwenden weiß, um den hellen Fond und die weißen Aussparungen der Strichplatte miteinander zu verbinden. Der Holzschnitt mit der Darstellung einer Sitzfigur, die ein Tier auf dem Schoß hält, erreicht eine gleichwertige Verwendung der Schraffur und der figuralen Elemente. Der Hintergrund des Blattes erscheint durch die schraffierten Lagen wie nach vorne geholt und durchdringt partienweise die Figur. Körperteile werden durch Landschaftsteile ersetzt. Es entsteht der Eindruck eines zusammengesetzten Motivs, eines Puzzles. Der Holzschnitt erlaubte aus der Vertauschung und Durchdringung der Funktionen der obenliegenden Strichplatte und untenliegenden Tonplatte die Erweiterung der gedanklichen Konstruktion der Bilder in das Räumliche, das jedoch gerade deshalb, weil die Untergrundfarbe der Blätter sowohl Landschaft wie die oben liegenden hellen Partien der Körper hervorbringt, innerhalb der materialen Präsenz des Graphischen entsteht.

Der Holzschnitt bringt die Darstellung nach vorne, an die vordere Bildebene, statt eine raumvertiefende Illusion zuzulassen. Die Bedeutung des Druckvorgangs selbst beim Aufbau einer gleichsam körperhaften Existenz des Blattes ist unübersehbar. Besonderen Reichtum hinsichtlich der Verschiedenheit der Probedrucke und Zustände hat der Künstler bei der Arbeit an dem Blatt *Großer Kopf* (Abb. S. 32) entwickelt. Das Motiv füllt das breit gelagerte Rechteck des Formats wie eine monumentale Vision. Die Wurzel des Motivs *Kopf* reicht zurück in das Ende der fünfziger Jahre, wandelt sich zu den *Ralf-Köpfen* von 1963-65 und zu *Das große Pathos* (1965), indem eine emblematische Verbindung von menschlichem Kopf, Ohr und Hundekörper verwirklicht wurde, und reicht zu den *Idolen* und jenen Köpfen vom Ende der Berliner Zeit, die sich als Linien und Flekken vom schwarzen Bildgrund abzulösen scheinen. Der frontal gesehene *Große Kopf* enthält formelhafte graphische Zeichen, die sich dort einstellen, wo unter der Dehnungskraft der Volumina die Gesichtspartien sich voneinander zu trennen scheinen. Wie die Teile eines dicken gedrehten Seiles schieben sich die Wülste durch die Stirn und entlang der Nase über den Mund hinweg zum Kinn, winden sich aus der Kehle. Das Gesicht verwandelt sich in eine Landschaft, deren Aussehen durch quellende, aufgetürmte, sich windende Formen bestimmt ist. Kräfte werden sichtbar, die den Kopf langsam, aber unaufhaltsam in zwei ungleiche Hälften verzerren. Der Ausdruck des Gesichtes bleibt dabei ganz ohne Emotion, ohne das leidende oder staunende Nach-oben-Blicken der Helden. Handlung oder Gestik finden nicht statt. Nicht mehr die Spannung von Subjekt und

Das Haus, 1966. Radierung, 31,5 x 24,5 cm (Jahn 41)
Ohne Titel, 1966. Holzschnitt (zwei Stöcke), 42 x 33 cm (J. 50)

pes; cependant, la couleur de fond des planches produisant simultanément le paysage et les parties claires du corps situées au-dessus, cet espace naît en fait à l'intérieur même de la présence matérielle de la gravure.

Au lieu d'engendrer une illusion de profondeur spatiale, la gravure sur bois rapproche la représentation; elle la porte au premier plan de l'image. L'importance du processus même d'impression, dans la création d'une existence pour ainsi dire physique de la planche, est immense. Dans le travail de l'estampe intitulée *Großer Kopf (Grande tête,* ill. p. 32), l'artiste a mis en œuvre une diversité d'épreuves et d'états d'une richesse toute particulière. Tel une vision monumentale, le motif remplit le vaste rectangle du format. Les racines du motif *Kopf (Tête)* remontent à la fin des années cinquante, devenant ensuite *Têtes de Ralph* en 1963/65 et *Das große Pathos (Le grand pathos)* en 1965, où s'accomplit un lien emblématique entre une tête humaine, une oreille et un corps de chien, pour aboutir aux *Idoles* et aux têtes de la fin de l'époque berlinoise, qui semblent se détacher du fond noir de l'image sous forme de lignes et de taches. La *Grande tête* présentée de face renferme des signes graphiques succincts, qui surgissent là où les traits du visage semblent disloqués par la dilatation des volumes. Comme les éléments d'une épaisse corde torse, les protubérances se feraient un chemin à travers le front et le long du nez jusqu'au menton, en passant par la bouche, et s'enroulent à l'extérieur de la gorge. Le visage devient paysage, dont l'aspect est déterminé par des formes qui jaillissent, s'amoncellent, se tordent. On voit agir des forces qui déchirent lentement mais inexorablement le visage en deux moitiés inégales. L'expression de celui-ci reste cependant dénuée d'émotion, dépourvue du regard levé, douloureux ou étonné des Héros. Ce que l'on voit, ce n'est plus la tension entre le sujet et l'objet, ressentie comme une discorde entre le vouloir et le pouvoir dans les images des Héros, mais la transparence de toute réalité dans une hallucination mêlant déchirement et jonction.

Cette thématique se prolonge dans les eaux-fortes de 1967, qui représentent des chasseurs en compagnie d'animaux tués et de chiens. Un partage des planches en rayures transforme l'idée de la hachure telle qu'elle existait dans les gravures sur bois en principe constructeur, qui permet, au sein même de l'image, des non-synchronismes, des décalages. Les corps d'animaux, tenus par les personnages des *Héros* devant leur propre corps comme des symboles concrétisant la nature animale sont en fait les premiers motifs renversés d'une nouvelle iconographie qui exploite l'état de rêve, d'absence de conscience, pour traduire en image l'efficacité de forces et de visions indomptées (ill. p. 34). La comparaison entre une gravure sur bois de 1966 et une eau-forte de 1967 (ill. p. 34) démontre cette intrusion du *Pandémonium* dans le monde figuratif des *Héros.* Divers ni-

chin and eventually emerge from the throat. The face is transfigured into a landscape, the appearance of which is determined by expansive, towering and writhing shapes. Forces which slowly but steadily distort the head into two unequal halves manifest themselves. During this process, the facial expression remains totally devoid of emotion, lacking the 'Heroes' suffering and wondering upward gaze. Actions or gestures do not occur. The tensions between subject and object, perceived as the dichotomy of 'desire' and 'ability' in the 'Hero' representations, are no longer the issue; it is the transparency of everything real in a hallucination of disintegration and reassembly.

These motifs are further elaborated upon in the etchings of 1967, representing hunters with their prey and dogs. A horizontal subdivision of the composition transposes the idea of cross-hatching, first developed in the woodcuts, into a constructive principle permitting the representation of non-simultaneous events and shifts within the image. The bodies of the animals, pressed closely against the 'Heroes' bodies as objectifying symbols of their animalistic streak, are in fact the first motifs of a new iconography that employs dreamlike ecstasy in order to visualize the effect of unbridled energies and visions on a picture plane (fig. p. 34). A comparison between a 1966 woodcut and a 1967 etching (fig. p. 34) illustrates this passage of *Pandemonium* through the figurative universe of the 'Heroes'. Different levels of reality collide; the artist does not, however, harmonize them but encourages their penetration of the motifs; this process occured in the representations of 'Hunters' which succeeded in combining figure, animal and landscape elements without sacrificing the dream-like qualities, the atmosphere of surreality, pervading the whole image. In the paintings, this effect was achieved by a marshy, watery green that acted in an alienating way; in the etchings, the linear structure was modified for the same purpose.

It is revealing to point out one failure in the etching of a 'Hero' by a tree; in the last state of this print, the artist attempted directly to recreate the twilight zone separating reality and dream through the transformation of the human head into the head of a dog (fig. p. 34). This attempt was destined to fail, since modification of the motif could not dissolve the existing construction of the 'Hero' to the point where it rendered the figure capable of such a mutation. This only became possible in the 1967 etchings through the detachment of the linear structure from the object after the lines had lost the irregularity of the 'Heroes'. This gave rise to that smoothness of the linear grid together with a certain uniformity of value for line, which was made intelligible by a shift in the structure of the picture. The pictorial significance is no longer based on the differences within an otherwise homogeneous motif but is created out of a composition broken down into differently perceived stripes representing

Objekt, empfunden als Entzweiung von Wollen und Können in den *Helden*-Bildern, sondern die Durchsichtigkeit alles Wirklichen in einer Halluzination von Zerreißen und Zusammenfügen gelangt zur Anschauung.

Diese Thematik wird fortgesetzt in den Radierungen von 1967, die Jäger mit erlegten Tieren und Hunden darstellen. Eine streifenhafte Aufteilung der Blätter setzt den Gedanken der Schraffur, wie er sich in den Holzschnitten ausbildete, in ein konstruktives Prinzip um, das Ungleichzeitigkeiten und Verschiebungen innerhalb des Bildes erlaubt. Die Tierleiber, von den *Helden*-Figuren wie objektivierende Symbole des Animalischen vor den eigenen Körper gehalten, sind eigentlich die ersten umgekehrten Motive einer neuen Ikonographie, die sich des traumhaften Außersichseins bedient, um die Wirksamkeit ungebändigter Kräfte und Visionen im Bild zu vergegenwärtigen (Abb. S. 34). Der Vergleich eines Holzschnittes von 1966 und einer Radierung von 1967 (Abb. S. 34) demonstriert diesen Durchzug des *Pandämoniums* durch die Figurenwelt der Helden. Verschiedene Ebenen der Realität kollidieren miteinander, werden jedoch vom Künstler nicht harmonisiert, sondern in der Durchdringung der Motive angestrebt; dies geschah in den Darstellungen von *Jägern,* die Figur, Tier und Landschaft miteinander verbinden konnten und dennoch die Traumhaftigkeit, das Unwirkliche der gesamten Darstellung vermitteln. In den Gemälden geschah dies auch durch das sumpfig-wäßrige Grün, das verfremdend eingesetzt wurde, in der Graphik wurde zu diesem Zweck die Linienstruktur verändert.

Es ist aufschlußreich, auf einen schließlich fehlgeschlagenen Versuch in einer Radierung eines Helden am Baum hinzuweisen, wo der Künstler im letzten Zustand dieses Blattes durch die Verwandlung des Menschenkopfes in einen Hundekopf auf direkte Weise das Zwischenreich von Realität und Traum gestalten wollte (Abb. S. 34). Dieser Versuch war zum Scheitern verurteilt, da die Veränderung des Motivs nicht die vorhandene Konstruktion eines Helden so weit auflösen konnte, daß die Figur durchlässig werden konnte für eine solche Mutation. Es gelang erst, als die Linienstruktur in den Radierungen von 1967 vom Gegenstand losgelöst wurde und die Striche das Unregelmäßige der *Helden* verloren hatten. Dabei entstand jene Geschmeidigkeit der Strichlagen, auch eine gewisse Gleichförmigkeit hinsichtlich des Wertes jeder Linie, die durch eine Veränderung innerhalb der Struktur des Bildes verständlich wurden. Das Bildgeschehen beruhte nicht mehr auf den Differenzen innerhalb eines ansonsten einheitlichen Motivs, sondern es begründete sich aus der Aufspaltung der Kompositionen in unterschiedlich aufgefaßte Streifen, die Bruchstücke unterschiedlichen Bewußtseins vergegenwärtigen. Dem entspricht die Tatsache, daß die radierten Striche eine Durchsichtigkeit oder Hellsichtigkeit beinhalten, die das Motiv

L R, 1966. Holzschnitt von drei Stöcken, 42 x 33 cm (Jahn 49)

Skizze zu Holzschnitt *L R,* 1966 (Jahn 49)

veaux de réalité coïncident; l'artiste cependant ne les har-
monise pas; il tente de les faire coexister par l'interpénétration des motifs. On a pu observer ce phénomène dans les
représentations de *Chasseurs*, qui parvenaient à lier personnage, animal et paysage, tout en communiquant le caractère onirique et irréel de l'ensemble de la représentation.
Dans les peintures, le même effet a été obtenu par le vert
marécageux, aqueux, dont l'application créa un caractère
d'étrangeté; dans la gravure, la structure linéaire a été modi-
fiée dans ce but.

Il est instructif d'attirer l'attention sur une tentative finalement vouée à l'échec dans une eau-forte représentant un
héros près d'un arbre; dans le dernier état de cette estampe,
par la transformation de la tête humaine en tête de chien,
l'artiste a voulu donner directement forme au domaine intermédiaire situé entre la réalité et le rêve (ill. p.34). Cette
tentative était condamnée à l'échec, car la transformation du
motif n'a pu désagréger suffisamment la construction exis-
tante du héros pour rendre la figure perméable à pareille
mutation. L'artiste n'y parvint que lorsque, dans les eaux-
fortes de 1967, la structure linéaire se détacha de l'objet et
que les traits eurent perdu l'irrégularité des *Héros*. Alors apparut cette souplesse des traits, ainsi qu'une certaine uni-
formité des valeurs des différentes lignes, dont l'intelligibilité
fut assurée par une modification à l'intérieur de la structure
de l'image. L'événement figuratif ne reposait plus sur les différences à l'intérieur d'un motif d'ordinaire uniforme; il se
fondait sur la division de la composition en rayures diverse-
ment interprétées, qui concrétisent des fragments de
consciences multiples. Il faut ajouter que les tailles renfer-
ment une transparence ou une clairvoyance qui transforment le motif et le rendent diaphane. On pourrait définir la
caractéristique formelle des lignes de ces travaux de 1967
comme des ‹pointes rondes›. La particularité de ces lignes,
qui présentent une certaine régularité mais ne peuvent être
qualifiées de contour, naît des ces brèves hachures issues
des ombres des *Héros* de 1965 et employées avec une
grande liberté, un peu comme des traits abstraits, comme
dans l'estampe du *Sitzender (Homme assis)* de 1966. Les
lignes semblent certes toucher les objets représentés; elles
n'en créent pas moins un rythme indépendant, qui laisse
place aux mutations d'animaux et d'humains, de plein et de
vide, mutations qui ne naissent que de l'équilibre instable de
la planche gravée et non de la représentation. Autrement dit:
la particularité et la structure des lignes engendrent une
construction qui seule rend crédible l'événement figuratif.
L'invraisemblance de la vision, son ‹déséquilibre› relèvent
de la structure esthétique des planches et non de l'invention
thématique. Le centre vide des représentations de *Chasseurs* est soutenu par l'exécution formelle de la gravure, par
le retour de la construction d'*Obéron*. C'est par l'introduction dans la représentation de fragments de surface blanche,

diverse fragments of consciousness. This relates to the fact
that the etched lines possess the kind of delicacy and light-
ness capable of rendering the motif transparent and consequently transforming it. There is a characteristic linear shape
in the 1967 prints that could be referred to as 'round spikes'.
The distinctness of these lines, which show a certain regu-
larity without serving to define contours, consists of short
hatching strokes derived from the shadowy shapes of the
1965 'Heroes'; in the print *The Seated* (1966), for instance,
they are applied freely, like abstract linear forms, so to
speak. It is true that the lines appear to touch the objects represented, but they still create an autonomous rhythm that allows scope for mutations of animal and man, and changes
from fullness to void, developed solely from the daring balance of the composition and *not* from the representation. In
other words, the distinctness and distribution of the lines
creates a construction which makes the pictorial motif credible. The improbability of the motif, the 'madness', is not embodied in the thematic innovation but in the aesthetic structure of the print. The empty centre in the representations of
'Hunters' is supported by the formal achievement of the
etching — the return of the *Oberon* construction. Through interwoven white expansive fragments, juxtaposed with
grammalogues and graphic formulae, the daring pictorial
construction demonstrates its strength. One characteristic
of the construction as postulated by Baselitz becomes evident: the work of the artist does not serve the creation of a
balanced image; it is neither addition, nor arbitrary serialisa-
tion but a conglomeration or a void, the sinking of the central
pictorial axis into an unpredictable cosmos of delusion,
vision, or dream fragments. The *Oberon* construction and
those graphic works that featured an empty centre in order to
consolidate the borders by means of figurative elements are
constantly repeated in these prints over a period of years. As
all compositional elements become in principal equivalent to
one another painting as such appears inextricable from the
constructional principle of the dream. The aim, however, is
not the disintegration of the image but the reassembly of the
fragments into a new pictorial structure which appears qualitatively different from the sum total of the parts incorporated,
in other words, into an Epiphany. The 'Hunter's' aggression
stands for the difference between motif and image; it
guarantees the maintenance of distance, the banishment of
the image into a realm that both creates and represents the
resistance to reality. The hunters, woodcutters, and forest
labourers of the 1967 œuvre originate from a deep-rooted
spiritual stratum. By means of the violent sacrifice of animals
and trees, the rape of the 'Ego' in the course of destruction
appears as the possible passage from discontinuity into a
whole. The dissolution of consciousness during paranoia
leads the way towards the fundamental resources of the
'Ego'. Dream and delusion appear as those realms within

durchscheinend werden lassen und transformieren. Es ist eine Linienform charakteristisch für diese Blätter von 1967, die man als ›runde Zacken‹ bezeichnen könnte. Die Eigenart dieser Linien, die eine gewisse Regelmäßigkeit aufweisen, sich aber nicht als Kontur beschreiben lassen, entsteht aus jenen kurzen Schraffen, die sich aus den Schattenformen der Helden von 1965 entwickeln und zum Beispiel in dem Blatt des *Sitzenden* von 1966 ganz frei, gleichsam wie abstrakte Strichformen, eingesetzt sind. Die Linien scheinen zwar die dargestellten Gegenstände zu berühren, aber dennoch erzeugen sie einen selbständigen Rhythmus, der den Raum für die Mutationen von Tier und Mensch oder Fülle und Leere läßt, die nur aus dem gewagten Gleichgewicht des graphischen Blattes, nicht aber aus der Darstellung entwickelt sind. Anders gesagt: Die Eigenart und Verteilung der Linien erzeugt eine Konstruktion, die erst das Bildgeschehen glaubwürdig macht. Das Unwahrscheinliche der Vision, das ›Verrückte‹ wird beherbergt in der ästhetischen Struktur der Blätter, nicht in der thematischen Erfindung. Die leere Mitte in den Darstellungen der *Jäger* wird getragen von der formalen Leistung der Radierung, der Wiederkehr der *Oberon*-Konstruktion. Indem die Darstellung durchwirkt ist mit weißen Flächenstücken, zu der gleichwertig die Kürzel und graphischen Formeln stehen, erweist die gewagte Bildkonstruktion ihre Tragfähigkeit. Es wird eine Eigenart ihrer Anlage sichtbar, wie Baselitz sie versteht: Die Arbeit des Künstlers dient nicht der Herstellung der Gleichgewichtigkeit der Bildfläche, nicht der Addition, nicht der beliebigen Fortsetzbarkeit, sondern dem Klumpen oder der Leere, der Vertiefung der mittleren Bildachse in einen unberechenbaren Raum des Wahns, der Vision oder der Bruchstücke des Traums. Es taucht in diesen Blättern über die Jahre hinweg die Konstruktion des Bildes *Oberon* und jener graphischen Arbeiten wieder auf, welche die Mitte des Bildes frei ließen, um seine Ränder mit Hilfe von figürlichen Erfindungen zu befestigen. Indem alle Elemente der Komposition prinzipiell gleichwertig werden, erscheint die Malerei insgesamt dem Konstruktionsprinzip des Traums verhaftet. Aber nicht das Zerfallen des Bildes ist das Ziel, sondern das Zusammenfügen der Bruchstücke zu einer neuen bildnerischen Struktur, die als qualitativ anders erscheint als die Summe der beinhalteten Teile, als eine Epiphanie. Die Aggression der *Jäger* steht für die Differenz von Motiv und Bild, sie garantiert die Aufrechterhaltung der Distanz, die Verweisung des Bildes in einen Bereich, der Widerstand gegen die Realität erzeugt und darstellt. Die Jäger, Holzfäller und Waldarbeiter im Werk des Jahres 1967 entstammen einer tiefliegenden seelischen Schicht. Die Übertretung des ›Ich‹ in der Zerstörung erscheint als der mögliche Ausweg aus der Diskontinuität ins Ganze durch das gewalttätige Opfern des Tieres oder Baumes. Die Auflösung des Bewußtseins in der Paranoia weist den Weg zu

Großer Kopf, 1966. Holzschnitt von drei Stöcken, 47,5 x 40,5 cm (Jahn 54)   (Kat. Nr. 36)

dont la valeur est identique à celle des symboles et des formules graphiques, que la construction figurative hasardeuse prouve sa capacité de résistance. Cela révèle une particularité de sa nature, telle que la conçoit Baselitz: le travail du peintre ne sert ni à établir un équilibre dans la surface de l'image, ni à permettre des ajouts ou une quelconque progression; il sert à la masse compacte ou au vide, à l'approfondissement des axes médians de l'image dans l'espace insondable de l'illusion, de la vision ou des bribes de rêve. Par-delà les années, on voit réapparaître dans ces estampes la construction d'*Obéron* et de ces œuvres gravées qui laissaient libre le centre de l'image pour en consolider les bords à l'aide d'inventions figuratives. Tous les éléments de la composition devenant équivalents en principe, la peinture paraît attachée dans son intégralité au principe de construction du rêve. Le but cependant n'est pas la dislocation de l'image, mais l'assemblage des fragments en une nouvelle structure figurative, qui semble être qualitativement différente de la somme des parties dont elle est constituée, et qui apparaît comme théophanie. L'agression des chasseurs est garante de la différence du motif et de l'image, elle répond du maintien de la distance, du renvoi de l'image dans un domaine qui crée et affirme la résistance au réel. Les chasseurs, les bûcherons et les forestiers de l'œuvre de 1967 sont issus d'une région profonde de l'âme. La transgression du ‹moi› dans la destruction apparaît comme la seule issue possible à la discontinuité dans son ensemble par l'immolation brutale de l'animal ou de l'arbre. La dissolution de la conscience dans la paranoïa montre la voie vers les ressources originelles du ‹moi›. Rêve ou démence apparaissent comme le domaine où le désir de participation à la réalité devient exigible dans une image contraire.

IV

Deux notions ne cessent de resurgir dans les entretiens avec Georg Baselitz qui ont été publiés. La première est ‹attitude›, et la seconde ‹image sans style› ou ‹la nouvelle image›. Ces notions cachent deux idées: le peintre doit manifester par son œuvre une attitude face à son temps, à la société et au reste de l'art contemporain. D'où la seconde idée: une image ne doit pas illustrer un ‹style›, c'est-à-dire que les œuvres ne doivent pas se juxtaposer de manière additive. L'artiste manifeste son attitude dans l'image, mais celle-ci ne devient pas la propriété d'une évolution stylistique; l'artiste en conserve la libre disposition. L'histoire de l'œuvre se constitue d'une série de ruptures toujours délibérées et réalisées sous le contrôle de la conscience, et qu'il ne faut ni prétendre involontaires ni justifier littérairement. Certaines constantes dans l'application de la couleur, dans l'invention de lignes et de formes restent néanmoins valables.

L'artiste n'entreprend pas de transformer ses motifs et sa

the confines of which the desire for participation in the reality of the counter-image can be postulated.

IV

Two terms constantly recur in those conversations with Georg Baselitz that have been published. One is 'stance', the other *'picture without style'* or *'the new image'*. Beneath these terms is concealed the idea that in his production a painter needs to articulate a stance in respect to his era, society and other contemporary art. The logical consequence is that a picture must not illustrate a 'style', i.e. the works must not be put in an additive line. The artist manifests his stance through the image; the image, however, does not become incorporated into the development of a style but remains under the jurisdiction of the painter. The historiography of an œuvre is constituted by constantly desired and consciously controlled schisms, that can neither be regarded as arbitrary nor be justified by literature. Certain constant values, such as the application of paint, or the invention of line and form, remain valid.

The artist undertakes the modification of the motifs and the technique of painting, not as a pretence, but for the purpose of retaining and intensifying energy, which is set against prevailing artistic doctrines and against inhibiting social circumstances. Baselitz's painting is thus derived from intellectual analysis, and his application of painting is consistent with his stance: it is neither expressive nor illustrative. This becomes clear in the term 'motif' which leads straight to the essence of his painting. The purpose of Baselitz's painting has always been the act of painting. This is clearly evident in those pictures that, like the 'Heroes', detach themselves from reality. But as soon as motifs such as nudes, portraits, landscape, windows, etc. appear the spectator experiences a motif which exists only through the physical act of painting, frequently executed directly with the fingers. The motif is, so to speak, the 'thing-in-itself', which painting has to rely upon in order to become material, i.e. to become sensuous. As the choice of motif is not accidental, but 'allows one to recognize a certain love, which is, however, very personal' (Baselitz), the motif is an intermediary between the stance of the artist and the appearance of painting. Linked to the motif are biographical/personal emotions, and also an artistic paradigm which is neither quoted nor stylistically recognizable but gains immense importance as a vanishing point for intellectual speculation on the part of the artist. Thus an interrelation of stance, motif and painting is created which responds to the modern painter's situation, not with historical imitations or adaptation nor the disappearance of industrial aesthetics, but which brings the painter as an institution up for discussion in order, by means of the resistance thus produced, to create energies which justify painting in a qualitatively new sense. Psychology has established that during

den ursprünglichen Resourcen des ›Ich‹. Traum oder Wahnsinn erscheinen als diejenigen Bereiche, in denen sich der Wunsch nach der Teilhabe an der Realität im Gegenbild fordern läßt.

IV

Zwei Begriffe kehren in den Gesprächen, die mit Georg Baselitz geführt und veröffentlicht wurden, stetig wieder. Der eine lautet ›Haltung‹, der zweite heißt ›Bild ohne Stil‹ oder ›Das neue Bild‹. Hinter diesen Begriffen verbirgt sich zum einen der Gedanke, daß der Maler durch sein Werk eine Haltung gegenüber seiner Zeit, Gesellschaft und der übrigen zeitgenössischen Kunst deutlich machen muß. Es folgt daraus der zweite Gedanke, daß ein Bild keinen ›Stil‹ illustrieren darf, das heißt, daß die Werke also nicht additiv aneinandergereiht werden dürfen. Der Künstler manifestiert seine Haltung im Bild, aber das Bild geht nicht in den Verlauf eines Stils über, sondern bleibt in der Verfügungsgewalt des Malers. Die Werkgeschichte konstituiert sich aus immer neu gewollten und unter bewußter Kontrolle herbeigeführten Brüchen, die weder als willkürlich zu bezeichnen sind noch literarisch begründet werden. Bestimmte Konstanten im Farbauftrag, in der Erfindung von Linien und Formen bleiben jedoch gültig.

Der Künstler unternimmt die Veränderung der Motive und der Malweise nicht aus Verstellung, sondern zum Zwecke des Erhalts und der Steigerung der Energie, die als Widerstand gegen die vorgefundene Kunstdoktrin und gegen hemmende gesellschaftliche Umstände gewendet wird. Die Malerei von Baselitz entstammt also einer intellektuellen Analyse und einem seiner Haltung entsprechenden Einsatz von Malerei, die weder expressiv noch illustrativ ist. Dies wird deutlich am Begriff des Motivs, der in das Zentrum dieser Malerei führt. Das Motiv im Sinne der Malerei von Baselitz ist immer schon Malerei. Dies ist leicht einzusehen in denjenigen Bildgruppen, die sich von der Realität entfernen, wie die *Helden*. Sobald aber Motive als Akt, Porträt, Landschaft, Fensterbild usw. auftauchen, erfährt der Betrachter die Vorgabe eines Motivs erst aus dem materialen, manchmal mit den Fingern vorgenommenen Akt des Malens. Das Motiv ist gleichsam das ›Ding an sich‹, dessen die Malerei bedarf, um zu erscheinen, also um sinnlich zu werden. Da aber die Wahl des Motivs nicht zufällig ist, sondern »eine bestimmte Liebe erkennen läßt, die aber doch sehr persönlich ist« (Baselitz), hält das Motiv die Mitte zwischen der Haltung des Künstlers und der jeweiligen Erscheinung von Malerei. Mit dem Motiv verbindet sich allerdings nicht nur eine biographisch-persönliche Emotion, sondern auch ein künstlerisches Paradigma, das niemals als Zitat erscheint und auch stilistisch nicht erkennbar wird, aber als Fluchtpunkt für die intellektuelle Spekulation des Künstlers von großer Bedeutung ist. So entsteht eine Verschränkung von Haltung,

Der Jäger, 1967. Radierung, 31,6 × 23,5 cm (Jahn 59)

Einer am Baum, 1966. Radierung, 32 × 23,8 cm (Jahn 32)

34

facture picturale par goût du déguisement; son but est de capter et d'intensifier une énergie qui se transforme en résistance contre la doctrine artistique en vigueur et contre des conditions sociales paralysantes. La peinture de Baselitz est donc le fruit d'une analyse intellectuelle et d'une intervention picturale correspondant à son attitude; sa peinture n'est ni expressive ni illustrative. Ce qui apparaît nettement dans le concept du motif qui conduit au centre de cette peinture. Le motif, au sens de Baselitz, est toujours peinture. On l'observe aisément dans les séries de tableaux qui s'éloignent de la réalité, comme les *Héros.* Mais dès que les motifs surgissent sous forme de nu, de portrait, de paysage, d'image de fenêtre, le spectateur ne perçoit la donnée d'un motif qu'à partir de l'acte pictural, réalisé quelquefois avec les doigts. Le motif est en quelque sorte une ‹chose en soi›, dont la peinture a besoin pour apparaître, pour prendre une existence sensible. Mais le choix du motif n'étant pas fortuit – il «laisse reconnaître un certain amour qui est cependant très personnel» (Baselitz) –, le motif occupe une position centrale entre l'attitude du peintre et chaque phénomène pictural. Le motif toutefois ne relève pas seulement d'une émotion biographique et personnelle, mais également d'un paradigme artistique qui n'apparaît jamais comme citation et n'est pas perceptible stylistiquement, mais qui n'en présente pas moins une grande importance, comme point de fuite de la spéculation intellectuelle de l'artiste. C'est ainsi que naît un entrecroisement d'attitude, de motif et de peinture, dont la réponse à la situation de l'artiste moderne n'est ni l'imitation servilement historique, ni l'adaptation et l'évanouissement dans l'esthétique industrielle; il amène en fait la discussion sur l'institution ‹peintre› elle-même, afin de libérer des énergies par une résistance consécutive, énergies qui seront capables de motiver la peinture dans un nouveau sens qualitatif. Les psychologues ont découvert qu'il existe dans l'évolution humaine une phase au cours de laquelle les images corporelles pénètrent dans notre subconscient sous forme de fragments, avant d'être à nouveau perçues comme un tout par un effort de la volonté; simultanément, une nouvelle vision du monde apparaît. Les ruptures dans l'évolution de l'œuvre de Baselitz, dont la plus frappante se révèle dans les images de fracture qui conduisent au renversement du motif, correspondent à ce processus.

L'esthétique des ruptures que pratiquait Baselitz pour créer un phénomène pictural authentique et sensible ne cesse cependant de se référer à des peintres ou à des productions artistiques. Le chemin de l'œuvre de Baselitz est bordé de noms comme ceux d'Artaud, de Lautréamont, Fautrier, Guston, Gallén-Kallela, Schönberg, Chaissac, Strindberg, Josephson, Moreau, Goltzius, von Rayski, Ludwig Richter, C.W. Kolbe, Cézanne, Balthus, Rosai, Munch, Nolde, les œuvres de l'art nègre, les créations des malades mentaux. Baselitz possède des connaissances

the course of human development there exists a phase when physical images are incorporated as fragments into our sub-conscious in order to be reassembled into a new whole by will-power, simultaneously creating a new outlook ('Weltanschauung'). This corresponds to the schisms in Baselitz's œuvre, the most conspicuous of which is manifest in the *Frakturbilder*, leading to the inversion of the motif.

The aesthetics of the schisms deliberately effected by Baselitz in order to produce an authentic, sensuous appearance in painting, has always been related to the painter or his artistic achievements. The path of Baselitz's artistic production is flanked by names such as Artaud, Lautréamont, Fautrier, Guston, Gallén-Kallela, Schönberg, Chaissac, Strindberg, Josephson, Moreau, Goltzius, van Rayski, Ludwig Richter, C. W. Kolbe, Cézanne, Balthus, Rosai, Munch, Nolde, negro art and paranoic art. Baselitz possesses a precise knowledge and an untiring curiosity about discoveries in the realm of the creative utterances of mankind. Nevertheless, it is necessary to emphasise that cause and effect must not be confused. The recognition of pivotal points in art history served both the expansion and limitation of his own stance, but was neither able, nor meant, to replace it.

From here, a path leads to Baselitz's graphic œuvre. He frequently employed the graphic medium in order to create a suspense-filled incongruity between his contemporary painting and the graphic imaginations of his origins.

This is exemplified in the etchings executed in 1969. On the one hand, there is the set of prints called *Cows* and on the other, etchings after old drawings and photographs. As pointed out before, the graphic works were always based on drawings, sometimes made two or three years before but always closely linked to the early works prior to 1964. Because of the very short time-span this method of working only became evident as such under meticulous scrutiny. At this point in time, however, i. e. 1969, the graphic production divides itself in the proper sense of the word.

In the set of prints called *Cows*, the motif was not the animal but the actual drawing of the animal. The drawing itself becomes the motif of the etching. All in all, the variations from print to print retain the motif of the sparse landscape detail with a cow. The modification lies in the varied handling of the graphic line, either cross-hatched or softly etched as in 'vernis mou', as well as in the adoption of the shape of a broadened or duplicated line. The etching's motif is the drawing, not the cow itself. The motif as content does not claim primary interest; this is even more the case in the prints than in the corresponding paintings. As the print reveals the ways and means of its coming into being, the method of drawing as such becomes evident. Something is repeated in order to step out of the identity of the motif, thus revealing its inherent existence. This is particularly applicable to the following graphic sets of the 60s: *One Week*,

Motiv und Malerei, die auf die Situation des Künstlers der Moderne weder mit historischen Imitaten noch mit der Anpassung und dem Verschwinden in der industriellen Ästhetik antwortet, sondern die Institution ›Maler‹ selbst zur Sprache bringt, um mit Hilfe des daraus entstehenden Widerstands Energien zu schaffen, welche Malerei in einem qualitativ neuen Sinne begründen. Die psychologische Wissenschaft hat herausgefunden, daß es in der menschlichen Entwicklung eine Phase gibt, in der Körperbilder als Fragmente in unser Unterbewußtsein eingehen, um durch eine Willensleistung wieder zu einem Ganzen zusammengefaßt zu werden, wobei sich gleichzeitig eine neue Weltsicht herausstellt. Die Brüche im Werkverlauf von Baselitz, deren auffälligster in den Frakturbildern, die zur Umkehrung des Motivs führen, erscheint, entsprechen dem.

Die Ästhetik der Brüche, die Baselitz praktizierte, um eine authentische sinnliche Erscheinung von Malerei hervorzubringen, bezieht sich schon immer auf Maler oder künstlerische Leistungen. Den Weg des Werkes von Baselitz säumen die Namen von Artaud, Lautréamont, Fautrier, Guston, Gallén-Kallela, Schönberg, Chaissaç, Strindberg, Josephson, Moreau, Goltzius, von Rayski, Ludwig Richter, C. W. Kolbe, Cézanne, Balthus, Rosai, Munch, Nolde, die Werke der Negerkunst, die Kunst der Geisteskranken. Baselitz verfügt über eine präzise Kenntnis und nie ermüdende Neugier für Entdeckungen im Bereich visueller Äußerungen des Menschen. Es ist jedoch nötig zu betonen, daß Ursache und Wirkung nicht verwechselt werden dürfen. Die Besetzung von Punkten in der Kunstgeschichte diente der Erweiterung oder Abgrenzung der eigenen Haltung, konnte und sollte diese jedoch nie ersetzen.

Von hier aus führt auch wieder ein Weg zur eigenen Graphik von Baselitz. Er verwendete sie häufig, um eine spannungsreiche Inkongruenz zu erzeugen zwischen seiner aktuellen Malerei und der zeichnerischen Imagination seiner Ursprünge.

Dies ist zu verfolgen anhand der Radierungen, die im Jahre 1969 entstanden. Es sind dies zum einen die Blätter der Mappe *Kühe* und zum anderen Radierungen nach alten Zeichnungen und alten Photographien. Wie im Voraufgegangenen gezeigt wurde, haben sich die graphischen Werke immer wieder auf Zeichnungen bezogen, die manchmal zwei oder drei Jahre zurücklagen, immer jedoch in Verbindung mit dem Frühwerk vor 1964 standen. Die Rückgriffe wurden als solche wegen der kurzen Zeitspannen erst bei genauer Untersuchung sichtbar. Jetzt jedoch, also im Jahre 1969, teilt sich die graphische Arbeit regelrecht auf.

Bei den Blättern der Mappe *Kühe* bildet nicht das Tier, sondern die Zeichnung des Tieres das Motiv. Die Zeichnung als solche wird zum Motiv der Radierung. Die Variation von Blatt zu Blatt behält das Motiv des knappen Land-

Geteilte Kuh, 1969. Radierung (Vernis mou), 18×24,5 cm (Jahn 72)   (Kat. Nr. 46)

Kuh abwärts, 1969. Kaltnadelradierung, geschabt, 18×24,5 cm (Jahn 76)

Kuh mit Baumstämmen, 1969. Kaltnadelradierung, 18×24,5 cm (Jahn 78)   (Kat. Nr. 49)

précises et une curiosité insatiable pour les découvertes relevant des messages visuels de l'homme. Il est toutefois utile de souligner qu'il ne faut pas confondre causes et effets. L'occupation de territoires dans l'histoire de l'art lui permit d'étendre ou de délimiter sa propre attitude; mais elle ne pouvait et ne devait jamais remplacer celle-ci.

Cette voie nous ramène à la gravure personnelle de Baselitz, qui eut fréquemment recours à cette technique pour créer une noncoïncidence riche de tensions entre sa peinture actuelle et l'imagination de ses sources dessinées.

C'est un élément que laissent percevoir les gravures qui virent le jour en 1969. Il s'agit d'une part des estampes du portefeuille *Kühe (Vaches)* et d'autre part de gravures d'après d'anciens dessins et d'anciennes photographies. Comme on l'a déjà montré plus haut, les estampes n'ont cessé de se référer à des dessins qui remontaient quelquefois à deux ou trois années, mais qui étaient toujours liés à son œuvre de 1964. En raison de la brièveté du laps de temps séparant la gravure du dessin, seul un examen approfondi révèle ces recours. A présent cependant, en 1969, l'œuvre gravée se divise en bonne et due forme.

Dans les estampes du portefeuille *Vaches,* ce n'est pas l'animal mais le dessin de l'animal qui constitue le motif. Le dessin en tant que tel devient thème de la gravure. Les variantes de planche en planche conservent pour l'essentiel le thème du fragment de paysage avec une vache. La modification réside dans l'application changeante du trait, qui est mordu mollement par l'emploi de «vernis mou», ou hachuré, ou qui présente l'aspect d'une ligne élargie et dédoublée. Le thème de l'eau-forte est le dessin et non la vache. Le motif en tant que contenu ne revendique pas l'intérêt principal, et ce encore moins dans la gravure que dans les tableaux correspondants. L'estampe révélant le processus même de sa création, la méthode graphique devient lisible en tant que telle. Quelque chose se répète pour se détacher de l'identité du motif et devenir visible dans sa vie propre. On observe une première utilisation intégrale de ce procédé dans les cycles de gravures des années 70: *Eine Woche (Une semaine), Bäume (Arbres)* et *Adler (Aigles).* La dynamique de ces séries naît en grande partie de l'emploi des techniques de gravure. La diversité des variantes s'amplifie par rapport au portefeuille *Vaches.* Des représentations denses, remplissant le format, côtoient des tailles-douces ténues, presque vides. Le fond blanc est fréquemment conservé comme contrepoids aux parties gravées. Les possibilités des formats de papier oblongs servent à détruire la «composition» par une gravure horizontale. Il n'existe pas de modèle dessiné au sens étroit du terme pour les gravures de paysages d'après 1970. Le but de la série *Une semaine* était d'éprouver les effets d'une certaine méthode de gravures à l'intérieur d'un cadre thématique donné. Dans le cycle *Arbres,* la déformation du medium parvenait cepen-

Trees, and *Eagles*. The dynamism of these sets is largely created by the application of graphic techniques. The diversity of variations has increased in comparison with the set *Cows*. Dense, format-filling images are juxtaposed with delicate, almost bare intaglios. The white background is frequently left as a counterbalance to the etched areas. The potential of the oblong format was utilised in order to destroy 'composition' through a horizontal slash. For the landscape etchings after 1970, there are no model drawings in the strict sense of the word. The effects created by a specific method of etching within the given framework of a motif were the objective of the cycle *One Week*. In the set *Trees*, however, the transformation of the medium reached such a degree of mental agility and technical diversity that one is justified in referring to it as an example of what etching can achieve in the hands of the contemporary artist — drypoint, aquatint and etching the plate with acid were used on a variety of metal plates (copper, brass, zinc) within one set.

At this point, however, one question needs clarifying: What significance is one to attach to that second, radically different series of etchings dated 1969 and executed after the completion of *Cows*, towards the end of that year? Strangely, the prints of this set disrupt the logical development from the liberation of the drawing from the motif, to the disassociation of colour from the motif. On the one hand, we are dealing with etchings based on early drawings, *Beatrice* and *Untitled* (figs. pp. 38 and 40) and on the other hand with representations based on old photographs. This applies to the self-portrait *The Painter* and the landscape *Hochstein*. These latter examples are inverted like Baselitz's contemporary paintings, but the etchings after earlier models remain in the original mode. The effect of these prints and also of *Eight Etchings after Drawings of 1959*, executed in 1973, is solely based on the drypoint technique. The linear grid, as in the drawings, is comparatively unfettered. The tonality is erratic and fickle; the prints evade the beauty and the naturalness of graphic skill.

These prints, again in upright format, diverge decisively from the previous 'realistic' variations of landscape motifs in the *One Week* cycle. In this instance a uniform motif based on a photograph has served to make visible those modifications created by the shift in the relationship of representational to superfluous graphic elements. Alternating by degrees, the motif is shrouded in a delicate, linear hatching, applied in a completely detached fashion. By literally obliterating parts of the motif and thus creating a purely graphic linear web, the graphic elements alienate the etching from its photographically realized source. However, there is an image of a landscape, closely related to this cycle, which diverges from this method of etching.

In this print there exist elements which, in the context of landscape, might possibly be read as stones; in the context

schaftsausschnittes mit einer Kuh im wesentlichen bei. Die Veränderung liegt bei der wechselnden Handhabung des graphischen Strichs, der weich geätzt wird als ›Vernis mou‹ oder schraffiert ist oder als verbreiterte und verdoppelte Linie erscheint. Das Motiv der Radierung ist die Zeichnung, nicht die Kuh. Das Motiv als Inhalt beansprucht nicht das vordergründige Interesse, in der Graphik noch weniger als in den entsprechenden Bildern. Indem das graphische Blatt die Art und Weise seiner Entstehung zeigt, wird die Methode von Zeichnung als solche sichtbar. Es wird etwas wiederholt, um aus der Identität des Motivs herauszutreten und in seinem Eigenleben sichtbar zu werden. Dies gilt erst recht für die graphischen Zyklen der siebziger Jahre: *Eine Woche, Bäume* und *Adler.* Die Dynamik dieser Serien entsteht zum großen Teil aus der Anwendung graphischer Techniken. Die Verschiedenheit der Variation verbreitert sich gegenüber der Mappe *Kühe.* Dichte, formatfüllende Darstellungen stehen neben zarten, fast leeren Strichradierungen. Der weiße Fond bleibt häufig stehen als Gegengewicht zu den radierten Partien. Die Möglichkeiten der querformatigen Blätter wurden genutzt, um mit einem horizontalen Schnitt ›Komposition‹ zu zerstören. Für die Landschaftsradierungen nach 1970 gibt es keine zeichnerischen Vorlagen im engen Sinne. Die Effekte einer bestimmten Radiermethode innerhalb eines vorgegebenen Motivrahmens waren das Ziel der Serie *Eine Woche.* In dem Zyklus *Bäume* erreichte die Verformung des Mediums jedoch eine geistige Beweglichkeit und technische Vielfalt, daß man von einer Demonstration dessen sprechen kann, was die Radierung unter den Händen eines zeitgenössischen Künstlers leisten kann. Kaltnadeltechnik, Aquatinta, Ätzung der Platte durch Säure und die Verwendung von Platten aus verschiedenen Metallen (Kupfer, Messing, Zink) finden sich innerhalb eines Zyklus.

An dieser Stelle bleibt allerdings die Frage zu klären, welche Rolle jener zweiten, so verschiedenen Gruppe von Radierungen des Jahres 1969 zukommt, die nach der Mappe *Kühe* zum Ende jenes Jahres entstanden war. Die Blätter dieser Gruppe unterbrechen eigentümlicherweise den direkten logischen Weg von der Befreiung der Zeichnung vom Motiv zur Loslösung der Tonigkeit vom Motiv. Es handelt sich um Radierungen einerseits nach frühen eigenen Zeichnungen, wie *Beatrice* und *Ohne Titel* (Abb. S. 38 und 40), oder andererseits um Darstellungen, die alte Photographien verwenden. Dies gilt für das Selbstbildnis *Der Maler* und die Landschaft *Hochstein.* Die beiden letzteren sind wie die gleichzeitige Malerei umgekehrt, die Radierungen nach alten Zeichnungen jedoch bleiben in der Sehrichtung der Vorlagen. Die Wirkung dieser Blätter, aber auch der *Acht Radierungen nach Zeichnungen von 1959*, die 1973 entstanden, bleibt auf die reine Kaltnadelradierung beschränkt. Die Strichlagen geben sich in diesen Blättern vergleichs-

Ohne Titel, 1971/72. (Blatt 1 aus der Mappe ›Eine Woche‹). Radierung, 36 x 49,5 cm (Jahn 93)   (Kat. Nr. 56)

Ohne Titel, 1972/73. (Blatt 7 aus der Mappe ›8 Radierungen nach Zeichnungen von 1959‹, 1973). Radierung, 29,5 x 23,5 cm (Jahn 115)   (Kat. Nr. 66)

dant à une vivacité et à une diversité technique telles que l'on peut parler de démonstration de ce que la gravure peut produire entre les mains d'un artiste contemporain. Pointe sèche, aquatinte, eau-forte et utilisation de planches de différents métaux (cuivre, laiton, zinc): tous ces procédés se côtoient au sein d'un même cycle.

Il reste encore à élucider ici le rôle qui revient au deuxième groupe de gravures de 1969, qui ont vu le jour après le carton des *Vaches,* à la fin de l'année. Les estampes de ce groupe interrompent curieusement la voie directe et logique menant de la libération du dessin au détachement de la tonalité par rapport au motif. Il s'agit d'une part de gravures réalisées d'après des dessins personnels antérieurs comme *Beatrice* et *Ohne Titel* (*Sans titre,* ill. pp. 38 et 40), et d'autre part de représentations qui utilisent de vieilles photographies. C'est le cas de l'autoportrait *Maler (Peintre)* et du paysage *Hochstein.* Ces deux derniers sont renversés comme les toiles de la même époque, mais les gravures réalisées d'après d'anciens dessins conservent l'axe de vision des modèles. L'effet de ces feuillets, comme du reste des *Acht Radierungen nach Zeichnungen von 1953 (Huit gravures d'après des dessins de 1953),* se limite aux possibilités de la taille-douce. Dans ces estampes, les traits offrent un aspect relativement fougueux et désordonné, comme dans les dessins. La tonalité est irrégulière et versatile, les gravures éludent la beauté et l'évidence de la maîtrise graphique. Dans le cycle *Une semaine,* les planches, utilisés à nouveau verticalement, s'écartent de manière décisive des variations ‹réalistes› précédentes de motifs de paysages. Ici, un motif relativement uniforme d'après une reproduction photographique a servi à révéler les modifications qu'a produites le décalage intervenu dans le rapport entre les parties directement figuratives et les parties gravées excédentaires. Une fine structure de hachures mises en jeu avec une grande distanciation a été appliquée de manière mouvante sur le motif. Ces éléments raturent des parties de celui-ci et engendrent ainsi un réseau purement graphique; la gravure s'écarte donc du modèle photographique évoqué. La représentation d'un paysage, réalisée au voisinage immédiat du cycle mentionné ci-dessus, s'écarte cependant de cette facture.

On voit apparaître des éléments qu'il faudrait interpréter, dans le contexte du paysage, comme des pierres, mais qui, dans celui de la gravure, surgissent comme des taches ou des surfaces, qui ne semblent pas situées dans l'espace figuratif proprement dit, mais immédiatement à la surface de la planche. Dans ces parties dessinées avec une vigueur particulière, la gravure elle-même devient visible, et se charge d'une qualité différente du motif. Cette planche trahit la volonté d'abandonner une surface d'impression uniforme et équivalente, et – comme cela s'est réalisé par la suite dans les estampes des *Aigles* – de détacher les motifs et

of etching, however, they appear as specks or areas not actually positioned in the picture but seemingly placed on the immediate paper surface. In those particularly forcefully drawn areas 'graphic art' as such becomes evident and is charged with a quality quite distinct from the motif. This print indicates Baselitz's intention of abandoning a homogeneous and unified print surface and, as he did in the *Eagles* cycle, divorcing the motif from its surroundings. In the freest prints of the portfolio *Trees,* the illusion of a visionary space is introduced; this space has broken away entirely from the reality of the motif, thus penetrating to those graphic origins of Baselitz's artistic production inferred in his etchings based on earlier drawings without the artist himself falling prey to those visions as they had occurred in 1959. Now, Baselitz holds sway over these spaces and, as a comparison between two prints reveals, exploits them (fig. p. 42).

It can safely be said that the long series of *Trees* contains innovations referring far back into Baselitz's artistic origins. This series includes prints based both on photographs from the *Hefte des Sächsischen Heimatbundes – Journals of the Saxon Homeland Confederation –* (etched images of single trees), and on polaroid snaps taken by the artist himself (etched images of clusters of trees). Based on these diverse sources, differing prints were executed that brought to a close the cool, detached œuvre of 1969–72 and prepared the way for the free and emotionally modified *Eagles* portfolio.

V

The *Eagles* cycle contains prints of various formats and techniques. It consists of eleven prints: etchings, woodcuts and wood engravings. For the first time, intaglio and relief print are combined. It is true that the term 'wood engraving' can be applied to the printing process in this set but the materials actually used by Baselitz were moulded blocks of synthetic resin. All the blocks were worked directly, i.e. without an intermediary drawing. The result was thus determined by the immediate confrontation between the material and the technique. The *Eagle* motifs were printed from zinc blocks made from drawings. The individuality of the ensuing results was emphasized by the fact that Baselitz hand-coloured the prints in some cases – a device that was subsequently to become a *modus operandi of his.* The *Eagles* portfolio documents the supremacy of graphic innovation, using one single motif. This indicates a new level of the etching's detachment from the drawing but these prints, being a combination of woodcut and wood engraving printed with two blocks, also point to the future. Of all the different animal motifs, the eagle remains the prevailing one in Baselitz's œuvre since 1973. The graphic production which, in the portfolios *Cows, One Week,* and *Trees* had begun to emulate the principle of the detachment of contiguous motifs in

weise wild und ungeordnet, wie in den Zeichnungen. Die Tonigkeit ist ungleichmäßig und sprunghaft, die Blätter vermeiden das Schöne und Selbstverständliche der graphischen Meisterschaft.

Die erneut hochformatigen Blätter weichen entschieden von den voraufgegangenen ›realistischen‹ Variationen von Landschaftsmotiven in dem Zyklus *Eine Woche* ab. Hier diente ein ziemlich gleichformiges Motiv nach einer photographischen Abbildung dazu, die Veränderungen sichtbar zu machen, die durch die Verschiebung innerhalb des Verhältnisses der darstellenden zu den überschüssigen graphischen Anteilen entstanden. Über das Motiv legte sich in wechselndem Maße eine feine Struktur von Schraffuren, die ganz distanziert eingesetzt wurden. Indem diese graphischen Elemente Teile des Motivs förmlich durchstreichen und auf diese Weise ein rein graphisches Netzwerk hervorbringen, entfernt sich die Radierung von der photographisch erinnerten Vorlage. Von dieser Methode der Arbeit mit der Radierung weicht jedoch die Darstellung einer Landschaft ab, die in unmittelbarer Nähe zum obengenannten Zyklus entstanden ist.

Es erscheinen Elemente, die im Sinne der Landschaft vielleicht als Steine zu deuten wären, im Sinne der Radierung jedoch als Flecken oder Flächen erscheinen, die nicht im eigentlichen Bildraum, sondern unmittelbar auf der Blattoberfläche zu liegen scheinen. In diesen besonders kräftig gezeichneten Partien wird das Graphische selbst sichtbar und lädt sich mit einer vom Motiv unterschiedenen Qualität auf. Dieses Blatt läßt auf die Absicht schließen, eine einheitliche und gleichwertige Druckfläche aufzugeben und – wie es dann in den Blättern der *Adler*-Mappe wirklich geschieht – Motive und Umgebung voneinander loszureißen. In den freiesten Blättern aus der Mappe *Bäume* stellt sich die Imagination eines visionären Raumes ein, der sich ganz von der Wirklichkeit des Motives befreit und zu jenen zeichnerischen Ursprüngen im Werk von Baselitz durchdringt, die in den Radierungen nach alten Zeichnungen beschworen werden, ohne daß der Künstler diesen Visionen in der Weise ausgesetzt ist, wie das 1959 der Fall war. Baselitz beherrscht jetzt diese Räume und nutzt sie, wie ein Vergleich von zwei Blättern deutlich macht (Abbildungen S. 42).

Die lange Reihe der ›Bäume‹ umfaßt also Erfindungen, die sehr tief in die künstlerische Herkunft von Baselitz zurückreichen. Sie schließt Blätter ein, die auf Photographien der ›Hefte des Sächsischen Heimatbunds‹ basieren, dies gilt für die einzeln gegebenen Bäume, und sie behandelt vom Künstler angefertigte Polaroid-Aufnahmen von Baumgruppen. Aus diesen verschiedenen Quellen entstehen unterschiedlich gearbeitete Blätter, die sowohl die kühle, kalkulierte Arbeit der Jahre 1969–72 beenden, als auch die freie, emotional ganz anders angelegte *Adler*-Mappe vorbereiten.

Ohne Titel, 1973. (Blatt 2 aus der Mappe ›8 Radierungen nach Zeichnungen von 1959‹, 1973). Radierung, 29,6 × 23,9 cm (Jahn 110)   (Kat. Nr. 63)

Landschaft, 1971/72. Radierung, 36,5 × 48,3 cm (Jahn 90) (Kat. Nr. 55)

l'environnement. Dans les gravures les plus libres du porte-feuille des *Arbres,* on perçoit l'imagination d'un espace visionnaire qui se libère intégralement de la réalité du motif, et pénètre jusqu'aux sources graphiques de l'œuvre de Baselitz; cet espace est évoqué dans les gravures d'après d'anciens dessins, sans que l'artiste soit exposé à ces visions de la même manière qu'en 1959. Baselitz domine désormais ces espaces et il les utilise, comme le montre clairement une comparaison entre deux estampes (ill. p. 42).

La longue série des *Arbres* contient donc des créations qui remontent très loin dans les origines artistiques de Baselitz. Elle comprend des estampes inspirées de photographies tirées des albums de sa patrie saxonne – c'est le cas des arbres isolés –; elle a également recours à des clichés de groupes d'arbres réalisés au polaroïd par l'artiste. Ces diverses sources donnent naissance à des gravures d'un travail varié, qui achèvent l'œuvre froide et calculée des années 1969–72, tout en préparant le portefeuille des *Aigles,* libre, manifestant une tout autre disposition émotive.

V

Le portefeuille des *Aigles* réunit des planches présentant diverses techniques et des formats variés. Il comprend onze eaux-fortes et gravures sur bois de bout ou de fil. Baselitz y associe pour la première fois des procédés d'impression en creux et en relief. L'appellation de ‹gravure sur bois› s'emploie certes pour le procédé d'impression en relief, mais en fait, Baselitz se servait de blocs de résine synthétique moulée. L'artiste les travaillait directement, sans dessin préalable; le résultat dépendait ainsi toujours d'un contact direct avec le matériau et la technique. Les motifs des *Aigles* s'inspiraient de clichés anciens d'après des dessins. L'individualité des différents résultats fut accentuée par les reprises en couleur auxquelles Baselitz eut quelquefois recours – procédé qui lui offrit désormais une possibilité d'intervention supplémentaire. Le portefeuille des *Aigles* prouve la souveraineté de l'invention graphique même appliquée à un motif unique; elle indique une nouvelle étape du détachement de la gravure par rapport au dessin; d'autre part, les estampes qui emploient la gravure sur bois de bout et sur bois de fil et qui sont imprimées à partir de deux planches annoncent l'avenir. Parmi les divers motifs d'animaux, l'aigle ne cesse de réapparaître dans l'œuvre de Baselitz après 1973. Après s'être rapprochée, dans les portefeuilles des *Vaches,* d'*Une semaine* et des *Arbres* des motifs que l'on trouve à la même époque dans la peinture de Baselitz, la gravure applique, comme dans les huit gravures réalisées d'après d'anciens dessins, des principes qui se distinguent de l'œuvre picturale contemporaine. Le motif de l'aigle occupe dans la gravure la fonction clef qui apparaissait dans les représentations d'ailes et les peintures d'aigles de 1972. L'impassibilité atteinte par la peinture d'après des motifs d'inspiration

Baselitz's painting, incorporates (as in the eight etchings based on early drawings) principles that clearly distinguish it from the painterly œuvre of the same period. In the graphic production, the motif of the eagle is allocated the key function first indicated in the *Wing Pictures* and the *Eagle* paintings of 1972. Baselitz abandoned the serenity he had arrived at in paintings based on photographically realised motifs. For the first time, a motif of the graphic production points towards both the past and the future.

Two achievements of the *Eagles* portfolio deserve specific emphasis in view of Baselitz's development. Firstly, these prints where motif and background are rendered by different techniques invite the possibility that the expressive qualities of the eagle image could be turned into subject-matter as such, without being expressive in the drawing. Along the contours of the eagle, the relation between figure and background is newly defined as a fracture. Secondly, the woodcut is re-introduced into Baselitz's graphic production, but with a shifted emphasis from the 1966/67 prints. Now the woodcut is employed mainly for its flat qualities (fig. p. 44).

The contrary use of different stylistic means within one print allowed work to be carried out on different levels and established a link with the respective techniques. The detachment of the eagle-motif, its spatially expanding plasticity, the contrast between the jagged outline of the animal shape and the infinite expanse of space, render this aggression visible as if laid out on a page.

Some of the backgrounds seem to be directly derived from the soft, picturesque tree clusters of the previous years which, in a similar way to what now happens with the Eagle motif, for which another technique is used, employ the empty ground of the sheet. All possibilities demonstrated side by side in this portfolio, such as linear intaglio or aquatint emphasising the surface, now appear concentrated in one motif. One needs to recollect that strangely unorthodox print related to the landscape etchings, the dense specks of which refused to detach themselves entirely from their spatial surroundings. The flying eagle constitutes the motif that visualizes and realizes this detachment.

On whole, the tendency to vary the motif to a minimal extent is increased in the eagle images. Therefore, a striking similarity exists between ten prints out of eleven; the last print, however, a woodcut printed in blue, deviates from the others. Both the prominently situated motif and the plasticity of the animal body consistently illustrate the concern already voiced in the remaining prints, namely the fracture within the image along its volume already hinted at and determined by the motif. As the physical appearance of the animal body is created by the omission of outline and the creation of a detached, plastic, blue island, this transition is extricated from the structure of the woodcut; at the same time the crooked

V

Die *Adler*-Mappe vereinigt Blätter unterschiedlicher Technik und wechselnder Formate. Es sind elf Radierungen, Holzschnitte und Holzstiche zusammengefaßt. Zum erstenmal wurden Tief- und Hochdruckverfahren miteinander kombiniert verwendet. Die Bezeichnung *Holzstich* trifft zwar hinsichtlich des Hochdruckverfahrens zu, aber das Material, dessen sich Baselitz bediente, waren gegossene Kunststoffplatten. Diese bearbeitete der Künstler direkt, also ohne eine vermittelnde Zeichnung, so daß eine unmittelbare Auseinandersetzung mit dem jeweiligen Material und der Technik das Ergebnis beeinflußte. Die *Adler*-Motive wurden von Zink-Klischees nach Zeichnungen gedruckt. Die Individualität der einzelnen Ergebnisse wurde dadurch unterstrichen, daß Baselitz in einigen Fällen die Graphik mit Farbe überarbeitete, ein Mittel, das in Zukunft für ihn eine weitere Operationsmöglichkeit darstellte. Die *Adler*-Mappe demonstriert die Souveränität der graphischen Erfindung selbst an einem einzigen Motiv, sie zeigt auf einer neuen Stufe die Loslösung der Radierung von der Zeichnung, andererseits verweisen die Blätter, die Holzschnitt und Holzstich verwenden und von zwei Platten gedruckt sind, auf Zukünftiges. Von den verschiedenen Tiermotiven bleibt der Adler dasjenige, das nach 1973 immer wieder im Werk von Baselitz auftauchte. Die Graphik, die sich dem distanzierten Prinzip der gleichzeitigen Motive der Malerei in den Mappen *Kühe, Eine Woche* und *Bäume* angenähert hatte, verwendet wie in den acht Radierungen über alte Zeichnungen Prinzipien, die sich vom gleichzeitigen malerischen Werk unterscheiden. Das Motiv des Adlers erhält in der Graphik die Schlüsselfunktion, die in den Flügel-Bildern und den Adler-Gemälden von 1972 sichtbar wurde. Der erreichte Gleichmut der Malerei nach photographisch erinnerten Motiven wurde verlassen. Zum erstenmal weist ein Motiv des graphischen Werkes sowohl zurück wie nach vorne.

Zwei Errungenschaften der *Adler*-Mappe sind für die weitere Entwicklung besonders hervorzuheben. Zum einen entsteht in den Blättern, die Motiv und Untergrund in verschiedenen Techniken ausführen, die Möglichkeit, das Expressive der Adler-Figuration als solches zum Thema zu machen, ohne in der Zeichnung expressiv zu sein. Die Figur-Grund-Relation wird entlang des Konturs der Adler neu bestimmt als Bruch. Zum anderen kehrt der Holzschnitt in das graphische Werk von Baselitz zurück, allerdings in einem ganz anderen Sinne als in den Blättern von 1966/67. Er wird jetzt besonders hinsichtlich seiner Flächenhaftigkeit genutzt (Abb. S.44).

Die Gegenläufigkeit verschiedener Stilmittel innerhalb eines Blattes ermöglichte die Arbeit auf mehreren Ebenen und machte den jeweiligen Übergang zur Schlüsselstelle. Das Losgelöstsein des Adler-Motivs, seine im Raum sich dehnende Plastizität, der Gegensatz von spitz konturierter

Ohne Titel, 1973. (Blatt 1 aus der Mappe ›*8 Radierungen nach Zeichnungen von 1959*‹). Radierung, 29,5 × 23,7 cm (Jahn 109)   (Kat. Nr. 62)

Ohne Titel, 1974. (Blatt 16 aus der Mappe ›*Bäume*‹). Radierung, 33 × 25 cm (Jahn 137)   (Kat. Nr. 72)

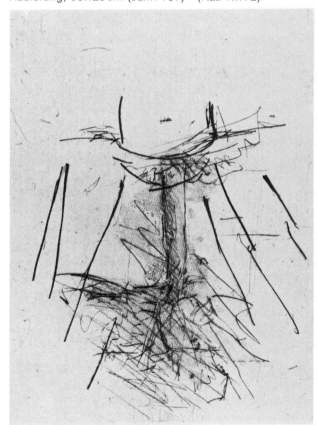

photographique fut abandonnée. Pour la première fois, un motif de l'œuvre gravée se tourne à la fois vers le passé et vers l'avenir.

Il convient de souligner deux réalisations du portefeuille des *Aigles* particulièrement importantes pour l'évolution ultérieure. On voit d'une part apparaître dans les planches qui emploient une technique différente pour le motif et pour le fond, la possibilité de faire du caractère expressif de la figuration de l'aigle un thème, sans que le dessin lui-même soit expressif. La relation figure-fond se définit à nouveau comme une rupture le long du contour de l'aigle. D'autre part, la gravure sur bois fait son retour dans l'œuvre de Baselitz, mais dans un tout autre sens que dans les estampes de 1966/67. L'artiste est désormais particulièrement conscient de son caractère plan (ill. p. 44).

La juxtaposition de différents moyens stylistiques au sein d'une même planche permit un travail à plusieurs niveaux, et fit de chaque transition la position clef. Le détachement du motif de l'aigle, sa plasticité dilatée dans l'espace, le contraste entre la silhouette de l'animal aux contours acérés et l'espace infini, illustrent l'agressivité en tant que telle comme détachée sur un fond.

De nombreux arrière-plans semblent résulter directement des groupes d'arbres souples, picturaux, des années précédentes; ceux-ci employaient le fond vide de la planche d'une manière identique à ce que l'on observe désormais pour le motif de l'aigle réservé à une autre technique. Les possibilités qui apparaissaient côte à côte dans le portefeuille, par exemple la gravure accusant le trait ou l'aquatinte accentuant la surface, apparaissent à présent concentrées dans un seul motif. Il faut se remémorer l'estampe curieusement différente, contemporaine des gravures de paysages, dont les taches denses se détachaient entièrement de l'environnement spatial. Le motif de l'aigle en vol est celui qui accomplit et rend visible ce détachement.

Dans l'ensemble, la tendance à peu varier le motif se renforce dans les représentations d'*Aigles.* On observe ainsi une ressemblance frappante entre dix des onze planches; le dernier d'entre eux, une gravure sur bois imprimée en bleu, s'écarte cependant des autres représentations. Le motif qui s'insère amplement dans la planche, ainsi que la plasticité du corps de l'animal révèlent avec vigueur la volonté qui détermine également les autres estampes: la rupture de l'image, que nous avons déjà évoquée, le long du volume indiqué par le motif. La structure de la gravure sur bois met en relief cette transition; le corps de l'animal est en effet créé par la suppression du contour. Il est réalisé comme une île bleue, plastique, détachée du motif, alors que, dans les striures obliques du bloc, le fond emploie précisément de manière positive le blanc, et non le bleu. La retouche rouge, qui surgit sous forme de potence au-dessus de la limite supérieure gauche de la figuration, accentue

hatching of the background displays not the blue, but the white, with much greater emphasis. Over-painting in red, placed in the form of gallows across the top and left hand edge of the image emphasises the plastic appearance of the motif in the middle. Using just one woodblock for this print, Baselitz succeeded in achieving something previously conceived, usually, through the interaction of two separate techniques: the motif appearing as a formula to be utilized by the painter in order to visualize a particular creative nucleus. This nucleus can be more clearly defined when comparing two earlier prints with the eagle images. The comparison reveals that the aesthetic structure of the *Eagles* has been prevalent in Baselitz's work since 1959; the interpretation of their respective place in his œuvre, however, changes. A nude dated 1959, and the inverted motif of *Hochstein* (1969), may be associated in this context. This consistency over the years continually connects recent developments in Baselitz's œuvre with the manifestations and subject-matter of his early production. The distortion of the given figurative volume, developed from anamorphous elements in earlier drawings remains important and leads to the eagles' renewed emphasis of the visionary element, even though the disfiguration of the volume becomes evident only after close examination of the animal body. But the formal concern, too, i. e. the condensation of the central image into a plastic vision and, arising from that, the making of the transition from volumes or motifs to colour fields, both in the graphic production and painting, is determined in the nudes of 1959.

Towards the end of 1976, the woodcut *Small Nude in Armchair* was executed after a painting, and was followed by a similar large-scale lino-cut the following year. This print signals a renewed confrontation with the figure, hitherto abandoned in the graphic œuvre since 1966. Baselitz's woodcut technique places the seated female figure, represented with raised arms and an angular leg, in the confines of a mesh of delicate white hatchings and blocks of rough areas of colour without ever achieving a characteristically expressionistic woodcut technique, either in this case or in the subsequent large lino-cuts. It is precisely the kind of simplification and reductionism, by means of which the artists of, say, the 'Brücke', wanted to become original and elementary, that Baselitz does not want to emulate. He used the graphic techniques rather more speculatively in order to re-establish the balance of his complex intentions over and over again from the beginning.

The prints dating from subsequent years, eventually culminating in the monumental lino-cuts of 1977—79, are developed according to the principle that graphic art is capable of making formulae of images visible. The positions and situations of Baselitz's figures are of the utmost simplicity in his paintings: seated figures, upright figures with arms outstretched or folded over their heads. From 1976 onwards,

Tiergestalt und unendlichem Raum bringen die Aggressivität selbst wie auf einer Folie zur Sichtbarkeit.

Manche der Untergründe scheinen direkt aus den weichen, malerischen Baum-Gruppen der voraufgegangenen Jahre abgeleitet zu sein, die in ähnlicher Weise, wie dies jetzt für das einer anderen Technik vorbehaltene Adler-Motiv geschieht, den leeren Blatt-Grund einsetzte. Die Möglichkeiten, die in der Mappe nebeneinander auftraten, zum Beispiel die strichbetonte Ätzung oder die flächenbetonte Aquatinta, erscheinen jetzt in einem Motiv zusammengezogen. Es ist an jenes merkwürdig sich unterscheidende Blatt aus dem Umkreis der Landschaftsradierungen zu erinnern, dessen dichte Flecken sich so ganz aus dem räumlichen Umfeld lösten. Der fliegende Adler ist das Motiv, das diese Loslösung sichtbar macht und verwirklicht.

Als Ganzes gesehen verstärkt sich in den Adler-Darstellungen die Tendenz, das Motiv nur wenig zu variieren. Eine starke Ähnlichkeit ist also für zehn der elf Blätter gegeben; das letzte Blatt, ein in blauer Farbe gedruckter Holzschnitt, weicht jedoch von den übrigen Darstellungen ab. Sowohl das groß im Blatt sitzende Motiv wie auch die Plastizität des Tierkörpers bringen das Anliegen, dem sich auch die übrigen Blätter widmen, konsequent zur Anschauung; nämlich jenen schon angedeuteten Bruch im Bild entlang des Volumens, das durch das Motiv angegeben ist. Die Struktur des Holzschnittes arbeitet diesen Übergang heraus, denn die Körperbildung des Tieres wird erzeugt durch das Weglassen des Konturs und als eine vom Motiv gelöste, plastische, blaue Insel erreicht, während der Hintergrund in seinen schiefen Riefelungen des Holzstockes gerade nicht das Blau, sondern das Weiß positiv einsetzt. Die rote Übermalung, die sich in der Form eines Galgens über den oberen und linken Rand der Darstellung legt, betont die plastische Erscheinung des Motivs in der Mitte. Baselitz gelang es also in diesem Blatt, innerhalb eines Holzstocks das zu leisten, was in den voraufgegangenen Blättern meist aus dem Ineinander zweier Verfahren erzielt wurde: Es erscheint das Motiv wie eine Formel, über die der Maler verfügt, um den bildnerischen Kern sichtbar zu machen, der sich genauer charakterisieren läßt, wenn man dem Adler zwei frühere Blätter zum Vergleich an die Seite stellt. Sie zeigen, daß sich die ästhetische Struktur der Adler-Erfindung schon seit 1959 im Werk von Baselitz belegen läßt, daß aber ihre Interpretation in der jeweiligen Werkphase wechselt. Ein Akt von 1959 und das umgekehrte Motiv ›Hochstein‹ von 1969 lassen sich auf dieser Ebene zusammensehen. Die Konstanz über die Jahre hinweg bindet die neueren Werkabschnitte von Baselitz immer wieder an die Formen und Themen des Frühwerks an. Das Verzerren des gegebenen gegenständlichen Volumens, das in den frühen Zeichnungen aus Anamorphosen entwickelt wurde, bleibt wichtig und führt dazu, daß die Adler das visionäre Element wieder stärker betonen,

Ohne Titel, 1974. Probedruck zu Blatt 11 der ›*Adler*‹-Mappe. Holzschnitt, 43,7 x 34,7 cm (Jahn 181)   (Kat. Nr. 90)

44

l'apparition plastique du motif au centre. Dans cette estampe, Baselitz est ainsi parvenu à créer, à l'intérieur d'un seul bloc, ce qui était généralement obtenu dans les feuillets précédents par la combinaison de deux procédés. Le motif apparaît comme une formule dont le peintre dispose pour rendre visible le noyau de l'œuvre, que l'on peut définir avec plus de précision en comparant l'aigle à deux feuillets antérieurs. Ceux-ci montrent que la structure esthétique de l'invention de l'aigle existait déjà indiscutablement dans l'œuvre de Baselitz depuis 1959, mais que son interprétation se modifie à chaque phase de son évolution. Un nu de 1959 et le motif renversé *Hochstein* de 1969 peuvent être mis en parallèle sur ce plan. La constance qui se manifeste au fil des ans relie perpétuellement les nouveaux fragments de l'œuvre de Baselitz aux formes et aux thèmes de son œuvre de jeunesse. La déformation du volume concret donné, qui apparut dans d'anciens dessins à partir d'anamorphoses, reste essentielle; il en résulte que les aigles accentuent avec une insistance croissante l'élément visionnaire, même lorsqu'une observation approfondie du corps de l'animal est nécessaire pour percevoir la distorsion du volume. Mais la volonté formelle de concentrer le milieu de l'image en une vision plastique et de faire ensuite de la transition des volumes ou du motif à la surface un souci majeur de la peinture comme de la gravure se retrouve elle aussi dans les dessins de nus de 1959.

La fin de l'année 1976 vit la réalisation d'après une toile de la gravure sur bois intitulée *Kleiner Akt im Lehnstuhl (Petit nu dans un fauteuil)*; une grande linogravure très proche lui succéda l'année suivante. Cette planche marque le renouveau de l'intérêt pour le personnage, abandonné dans la gravure après 1966. La silhouette féminine assise, aux bras levés et à la jambe pliée, donna naissance dans la technique de gravure sur bois de Baselitz à un entrelacs de fines hachures blanches et de parties faisant blocs, sans toutefois que se manifeste ici, pas plus du reste que dans la grande linogravure ultérieure, le caractère de la gravure sur bois expressionniste. Baselitz n'aspire en aucun cas à la simplification et à la réduction que l'on observe par exemple chez les artistes de la ‹Brücke›, qui cherchaient le primitif, l'élémentaire. Baselitz employa les procédés de gravure de manière plutôt spéculative pour rétablir sans cesse l'équilibre de son dessin artistique complexe.

Le travail des estampes de l'année suivante, dont l'évolution conduira finalement aux linogravures monumentales de 1977 à 1979, suit le principe voulant que la gravure révèle des formules de tableaux. Baselitz part de situations et de positions de personnages simples tirées de ses toiles: des figures assises, debout, aux bras étendus ou croisés au-dessus de leur tête. A partir de 1976, la gravure se réfère aux tableaux de façon suivie – et elle engendre des ‹dessins›. La tension entre peinture, dessin et gravure, que l'ar-

the graphic production consistently relates to images, creating 'drawings' in the process. The tensions between painting, drawing and graphics, now admitted by the artist, reached a new qualitative peak. In his lino-cuts, Baselitz constructs a linear web that detaches itself from the monochrome black, rust or blue hues of the background. The formal vocabulary of these prints relates in a very independent way to the motifs, as the manifold possibilities of positive and negative lines, linear tangles, hatchings, recesses, etc. are not intended to reproduce the images but literally to encompass and embrace their essence. Furthermore, as opposed to the paintings of 1975, these nudes are distinguished by distortions, duplications (e.g. of legs), and as it were rampant shapes, drawing the limbs into the picture plane. Applying a graphic technique, Baselitz emphasises a completely different, a so to speak graphic programme; this programme, however, was again to be subjected to rearrangement and changes in emphases during the course of the subsequent years. As a result the appearance of the lino-cuts of 1977–79 changes in such a way that the nervy, delicate beams of lines harden into bright veins, which are now employed with greater contrast and economy, and constructively carry the rhythm of the plane. A comparison between *Sitting Man* (1977) and *Nude in the Window* (1979) can testify to this development (figs. p. 46).

In view of the fact that since 1975 Baselitz has frequently depicted himself, his wife, the near-by forests, or his studio utensils, a comparison with corresponding paintings reveals that the figures in the lino-cuts emphasise one idiosyncrasy of those 1976 figures which are removed, by their gestures from the inherent 'normality' from which those gestures derive. Gestures include the raised fist, the convulsively bent arm, the rigidly extended arm, hands folded over the head, the angular leg. In addition, these parts of otherwise immobile anatomies were duplicated, distorted, compressed, elongated – in other words, transformed in such a way that emotion is rendered visible. As such gestures create both physical and psychological tensions, the motif is broken down. The proportion of body to space, or, pictorially speaking, of figure to background, is not determined by painterly chiaroscuro but, where indicated by the gestures, by the usually unseen exchange of body language. From here, a direct link can be established with Baselitz's sculptural works, the first of which was executed for the German Pavilion at the 1980 Biennale in Venice; there is also a link with the eighteen-part-print cycle *Street Picture* of 1979/80. Certainly a print such as *Woman at a Window*, potentially to be regarded as a reduced version of the 1976 woodcut *Nude in an Armchair*, drew on these sources. This print, continually reworked by the artist throughout a long series of states, announces those elements brought to fruition in *Street Picture*. Firstly, the 'realistic' components of the previous pictures

auch wenn das Verziehen des Volumens erst beim genauen Betrachten des Tierkörpers wahrgenommen wird. Aber auch das formale Anliegen, die Mitte des Bildes zu einer plastischen Vision zu verdichten und daraus den Übergang von Volumen oder Motiv zur Fläche zum Anliegen der Malerei wie der Graphik zu machen, ist in den Aktzeichnungen von 1959 angelegt.

Zum Ende des Jahres 1976 entstand nach einem Gemälde der Holzschnitt *Kleiner Akt im Lehnstuhl*, dem im nächsten Jahr ein sehr ähnlicher großer Linolschnitt folgte. Dieses Blatt markiert die Wiederaufnahme der nach 1966 in der Graphik unterbrochenen Auseinandersetzung mit der Figur. Die sitzende Frauengestalt mit den hoch erhobenen Armen und dem angewinkelten Bein ergibt in der Holzschnittechnik von Baselitz ein Geflecht von feinen weißen Strichelungen und blockhaften Partien, wobei jedoch hier wie auch in den folgenden großen Linolschnitten sich nicht der Charakter von expressionistischer Holzschneidetechnik einstellt. Baselitz strebt gerade nicht die Vereinfachung und Reduktion zum Beispiel der ›Brücke‹-Künstler an, die auf diese Weise ursprünglich und elementar werden wollten. Baselitz benutzte die graphischen Verfahren eher spekulativ, um die Balance seiner komplexen Werkabsicht immer wieder von neuem herzustellen.

Die Blätter aus den nächsten Jahren, die sich schließlich bis zu den monumentalen Linolschnitten der Jahre 1977 bis 1979 entwickeln, sind nach dem Prinzip gearbeitet, daß die Graphik Formeln von Bildern sichtbar macht. Baselitz geht von einfachen Situationen und Positionen von Figuren in seinen Gemälden aus: Sitzende, Stehende, Figuren mit ausgestreckten oder solche mit über dem Kopf verschränkten Armen. Von 1976 an wird die Graphik konsequent auf Bilder bezogen — und sie erzeugt ›Zeichnungen‹. Die Spannung zwischen Malerei, Zeichnung und Graphik, die der Künstler jetzt zuläßt, erreichte eine neue Qualität. Er baut in den Linolschnitten ein lineares Gespinst auf, das sich aus den einfarbig schwarzen, rot-braunen oder blauen Plattengründen herauslöst. Das formale Vokabular dieser Blätter verhält sich in sehr eigenständiger Weise zu den Motiven, denn die vielfältigen Möglichkeiten von positiven und negativen Linien, Strichbündeln, Schraffuren, Aussparungen etc. sind nicht dazu bestimmt, die Bilder zu reproduzieren, sondern ihre Kerne regelrecht zu umspannen und umstellen. Außerdem erscheinen diese Akte gegenüber den Bildern von 1975 durch Verzeichnungen, durch Verdoppelung, zum Beispiel der Beine, und gleichsam wuchernde Formen, mit denen die Gliedmaßen in die Fläche fortgesetzt werden, gekennzeichnet. Er betont durch die Anwendung der graphischen Technik das ganz andere, sozusagen das zeichnerische Programm, das sich jedoch während der folgenden Jahre noch einmal verschiebt und verschieden akzentuiert, so daß sich die Erscheinung der Linolschnitte von 1977 bis

Sitzender Mann, 1977. Linolschnitt, 175 x 130 cm. 2. Zustand, Abzug vom 31. Januar 1977

Frau im Fenster, 1979. Linolschnitt, 161 x 131 cm. 1. Zustand, Abzug vom 3. V. 1979

tiste tolère désormais, atteint une qualité nouvelle. Dans ses linogravures, il élabore un tissu linéaire qui se détache du fond monochrome des planches, noir, rouge-brun ou bleu. Le vocabulaire formel de ces œuvres manifeste une grande autonomie par rapport aux motifs; en effet, les multiples possibilités de lignes, de faisceaux de traits, de hachures et de réserves, positifs et négatifs, ne sont pas destinées à reproduire des images, mais à en entourer, à en cerner le noyau. Par rapport aux tableaux de 1975, ces nus se caractérisent en outre par des distorsions, par un dédoublement, notamment des jambes, et par des formes que l'on pourrait qualifier de proliférantes, qui prolongent les membres dans la surface. La technique de la gravure souligne un programme différent, se rapprochant du dessin, et dont l'accent va se déplacer au cours des années suivantes; c'est ainsi que l'aspect des linogravures de 1977 à 1979 se modifie par une solidification des faisceaux de lignes ténues, finement nervurées, en veines claires; celles-ci finissent par être employées avec une plus grande richesse de contrastes et plus d'économie, et soutiennent de manière constructrice le rythme de la surface. Ce que peut confirmer le rapprochement entre *Sitzender Mann (Homme assis,* 1971) et *Akt im Fenster (Nu dans la fenêtre,* 1979, ill. p. 46).

Une comparaison avec les toiles correspondantes montre que les formes corporelles des linogravures renforcent une particularité des personnages de 1976, que leurs gestes rejettent hors de la ‹normalité›, dont ils sont en fait issus; en effet, depuis 1975, Baselitz se représente fréquemment lui-même, ou prend pour modèle sa femme, les forêts des environs ou les outils de son atelier. Par gestes, il faut entendre: le poing dressé, le bras replié fermement et convulsivement, le bras tendu, raide, vers l'avant, les mains levées au-dessus de la tête, la jambe pliée. Ces éléments de corps autrement immobils ont été en outre dédoublés, déformés, comprimés, prolongés, bref: modifiés de manière à révéler l'émotion. La tension, figurative comme psychique, créée par ces gestes, favorise la rupture du motif. Le rapport entre le corps et l'espace, ou, en termes graphiques, entre la figure et le fond, n'est pas déterminé par le clair-obscur pictural mais par une substitution généralement discrète entre le langage du corps et celui de l'espace, illustrée par les gestes. Cela nous conduit aux œuvres plastiques de Baselitz — la première dont l'importance doit être remarquée fut réalisée pour le pavillon allemand de la Biennale de Venise de 1980 —, ainsi qu'au *Straßenbild (Tableau de rue)* de 1979/80, cycle formé de dix-huit pièces; il faut y rattacher au minimum une estampe comme *Frau am Fenster (Femme à la fenêtre),* que l'on peut, en un sens, considérer comme une réduction du *Nu dans un fauteuil* réalisé en 1976 sous forme de gravure sur bois. Cette planche, que l'artiste a repris en une longue succession d'états, annonce des éléments qui percent entièrement dans *Tableau de rue.*

from Derneburg are drawn gestures. Secondly, light, which up until now was only relevant in Baselitz's early work, presents itself as a painterly problem; chiaroscuro contrasts, replacing colour contrasts, of a strangely visionary quality such as red/blue or black/red are introduced. They assume a leading role in the print. The chromatic qualities of *Street Picture*, with its frequent use of colour fields, is evidently closely linked with the colouration of the prints. The dull surface of both the lino-cuts and the paintings in this cycle, a brittle, often encrusted layer of pigment, illuminates the gap between these and the works of the 1979 Eindhoven exhibition that demonstrated a more agitated handling. A detailed examination of *Street Picture* also brings to light surprisingly frequent and pronounced similarities with the artist's early œuvre. The concept of the 'window image' can also be interpreted as a revitalizing of those heads in the watercolours and drawings carried out around 1960. At that time, similar pictorial structures existed which combined plastic motif with streaky, flat borders in such a way that motifs could be perceived as an 'image within an image'.

There is further indication that in *Street Picture* suggestions arising from Baselitz's early production were assimilated, since those graphic works directly relating to the cycle of paintings are no longer wood- or lino-cuts but etchings. These etchings do not repeat the paintings' formulae, but establish an association with the drawings that came into existence during Baselitz's work on the paintings. The return to etching based on drawing recollects the genesis of Baselitz's graphic œuvre.

Drawing — it is now revealed again — remains the level that makes for speculation in Baselitz's art with regard to his style, and thereby to the transcending of the real motifs. The detachment of drawing from the medium of painting and the development of the Derneburg motifs of 1975 are mutually dependent. At this stage in Baselitz's artistic production it seems consistent from a formal point of view to allocate to the lino-cuts the task of detaching the contours from the plane. During the course of 1979, when further lino-cuts were executed, the correlation between painting and prints can easily be traced. From the diptych *Nude and Tree* the figurative element was incorporated into the lino-cut *Gleaner* (fig. p. 48). The print emphasises the fragmentation of the picture plane and, activated by the vertical, ornamental frieze, articulates the tension between the free-flowing lines of the bent figures and the pictorial space as a whole. This observation leads to a second consequence of certain pictorial constructions found in *Street Picture*, which constitutes a central concern of the 1981 woodcut. In that cycle, as well as in the subsequent *Street Pictures* and paintings such as *My Father Looking out of the Window*, a head is set against areas within the image labelled 'book' or 'window'. Such juxtapositions give rise to a contrapuntal dynamism of

1979 in der Weise verändert, daß die feinnervigen zarten Li-
nienbündel sich verfestigen zu hellen Adern, die schließlich
kontrastreicher und sparsamer verwendet werden und den
Flächenrhythmus konstruktiv tragen. Diese Feststellung
kann der Vergleich *Sitzender Mann* (1977) und *Frau im
Fenster* (1979) erhärten (Abbildungen S. 46).

Ein Vergleich mit den entsprechenden Gemälden zeigt,
daß die Körperformen der Linolschnitte eine Eigenheit jener
Figuren von 1976 verstärken, die durch Gesten aus der
›Normalität‹ herausgerückt sind, der sie eigentlich entstammen, da Baselitz seit 1975 häufig sich selbst oder seine
Frau, die Wälder der Umgebung oder die Atelierutensilien
darstellt. Gesten meint: die erhobene Faust, der krampfhaft
fest angewinkelte Arm, der starr nach vorn ausgestreckte
Arm, die über den Kopf gehobenen Hände, das angewinkelte Bein. Diese Teile von sonst bewegungslosen Körpern
wurden zudem verdoppelt, verzerrt, gestaucht, verlängert,
also in einer Weise verändert, daß Emotion sichtbar wird. Indem solche Gesten Spannung erzeugen, figürliche wie
psychische, gelingt das Aufbrechen des Motivs. Das Verhältnis von Körper und Raum, oder bildnerisch gesprochen,
von Figur und Grund, wird nicht aus dem malerischen
Hell-Dunkel bestimmt, sondern durch einen meist un-
scheinbar stattfindenden Austausch von Körpersprache
und Raum, dort wo die Gesten dies signalisieren. Von hier
führt ein Weg zu den plastischen Arbeiten von Baselitz, deren erste große im Jahr 1980 für den deutschen Pavillon auf
der Biennale in Venedig entstand, wie zu dem achtzehnteili-
gen Zyklus *Straßenbild* von 1979/80, auf den sich zumin-
dest ein Blatt wie *Frau am Fenster* bezieht, das, wenn man
will, als eine Reduktion jenes *Aktes im Lehnstuhl* anzuse-
hen ist, der 1976 als Holzschnitt entstand. Dieses Blatt, das
in einer langen Folge von Zuständen vom Künstler überarbeitet wurde, kündigt Elemente an, die im *Straßenbild* ganz
zum Durchbruch kommen. In dem Zyklus wird die realisti-
sche Komponente der voraufgegangenen ersten Bilder aus
Derneburg von 1975 zurückgenommen zu einer gezeichneten Geste. Zum anderen tritt das Licht, das bis dahin nur
in den frühen Werken von Baselitz eine Rolle spielte, als ma-
lerisches Problem auf, allerdings kündigen sich Hell-Dun-
kel-Kontraste als Farbkontraste sehr eigenwillig visionärer
Art an, wie Rot-Blau oder Schwarz-Rot, die auch in den
Drucken eine Rolle spielen. Die Farbigkeit von ›Straßenbild‹
mit den häufig als Fläche wirkenden Partien geht sichtlich
mit der Farbgebung der Drucke zusammen. Die matte
Oberfläche sowohl der Linolschnittabzüge wie der Gemälde
des Zyklus, eine spröde, manchmal krustige Malschicht lassen hier wie dort die Unterschiede zu denjenigen Werken in
der Eindhovener Ausstellung von 1979 erkennen, die eine
bewegte Peinture vorführen. Die genauere Untersuchung
von *Straßenbild* fordert aber auch erstaunlich deutliche und
erstaunlich häufige Ähnlichkeiten mit frühen Arbeiten des

Ährenleserin I, 1979. Linolschnitt, 200 x 127 cm.
1. Zustand
Mann in der Tür, 1982. Holzschnitt, 65 x 49,5 cm
(Kat. Nr. 145)

Dans ce cycle, le facteur *réaliste* des premiers tableaux de Derneburg de 1975 est abandonné au profit d'un geste graphique. D'autre part, la lumière, qui n'avait jusque là joué de rôle que dans les premières œuvres de Baselitz, apparaît comme un problème pictural; on voit du reste s'annoncer des contrastes de clair-obscur sous forme de contrastes chromatiques d'une grande puissance visionnaire, comme le rouge et le bleu ou le noir et le rouge, qui jouent également un rôle dans les gravures. Le coloris du *Tableau de rue* dont les parties se présentent souvent en à-plats, va visiblement de pair avec l'encrage des gravures. La surface matte, tant des épreuves de linogravure que des toiles du cycle, une application de peinture craquelée, formant quelquefois croûte, trahissent dans un cas comme dans l'autre les différences par rapport aux œuvres de l'exposition d'Eindhoven de 1979, qui présentent une peinture animée. Toutefois, un examen plus attentif du *Tableau de rue* révèle également des similitudes d'une évidence et d'une fréquence étonnantes avec des travaux antérieurs de l'artiste. On peut concevoir l'idée de l'image de la fenêtre comme une reprise des têtes représentées dans des aquarelles et des dessins qui virent le jour autour de 1960. Il existait alors des structures figuratives analogues, qui réunissaient des motifs plastiques et des bords plats et rayés, faisant quelquefois apparaître les motifs comme un *tableau dans le tableau.*

Un autre indice laisse entendre que certaines inspirations du *Tableau de rue* ont été puisées dans l'œuvre de jeunesse personelle de Baselitz. Les estampes notamment, qui sont directement liées au cycle de peintures, ne sont plus des xylo- ou des linogravures, mais des eaux-fortes. Celles-ci ne répètent pas les formules de ces toiles, mais se réfèrent aux dessins qui virent le jour pendant la réalisation des tableaux. Le retour à l'eau-forte sous l'égide du dessin fait songer aux débuts de l'œuvre gravé de Baselitz.

Le dessin – ce phénomène s'affirme ici une nouvelle fois – reste pour Baselitz le moyen artistique servant à la spéculation stylistique, à l'évocation de situations biographiques et ainsi, à la transgression du motif réel. Le détachement du dessin de la matière picturale et la poursuite des motifs de Derneburg de 1975 sont liés. Sur le plan formel, il est parfaitement logique qu'à cette étape du travail, les linogravures se voient chargées de détacher la ligne de contour de la surface. La différence d'effet entre la toile et la gravure s'observe très distinctement en 1979, année où quelques nouvelles linogravures virent le jour. La moitié figurative de la linogravure *Ährenleserin (Glaneuse,* ill. p.48) fut en effet empruntée au diptyque *Akt und Baum (Nu et arbre).* La gravure souligne la surface composite du tableau et articule la tension entre la liberté du traitement linéaire de la figure voûtée et l'ensemble de la surface de l'image, animée par la frise ornementale qui se déroule verticalement (ill. p.48).

head and square format; both elements are equal although the relationship of these elements is capable of creating harsh opposition and dynamic interaction. The novelty of these most recent of Baselitz's graphic works lies in the fact that within the framework of a print, specific dots, contours or motifs are not transformed into particular manifestations of sensuality or presence by the graphic medium. Instead, the whole of the pictorial space is charged with latent dynamism, erupting through the bright veins and stained recesses. The difference from the previous graphic production lies in the fact that the figurative and non figurative passages of the print demand equal status. Therefore, the interaction of internal and external, in other words, from white to the paper surface, that is to black or rust, gains prominence when assessing the distinctness of the most recent prints. Previously drawing and plane had never been interwoven to such an extent. It seems as if the motifs are suspended in a strange limbo between their appearance and their veiling or shrouding. The graphic medium allows the visualisation of this exchange of two opposed tendencies, the forces of which determine the dynamism of the print. As in the paintings and drawings of 1982, strong emotional gestures are permitted. By juxtaposition of the surfaces of gestural painting and the figure themselves these gestures reveal the essence of the figures. The same correspondence between plane and figure, so dominant in the prints, eventually brought about the large, multi-figured paintings of 1973, *Supper in Dresden* and *Brücke Choir.*

Baselitz has succeeded in incorporating the motif, even a series of motifs, into a picture without it becoming illustrative, narrative or anecdotal.

The identity with the picture is not one of imitation but of interpenetration of interior and exterior, of construction and emotion. Through the constructive intelligence of the works, even the encounter with 'the expressive' is transformed, not into expressive but into suggestive painting. Without being expressive himself, the artist succeeds in realising a visionary painting which is not wholly absorbed by picture space and is not ultimately illusionistic, but which imposes on the viewer a powerful, mural-like presence – dense textures, as in the graphic works, in which the law of the surface is never abandoned.

S.G.

Translation by Reinhard Rudolph.

49

Künstlers zutage. Die Idee des Fensterbildes läßt sich auch als eine Wiederaufnahme von Köpfen in Aquarellen und Zeichnungen verstehen, die um 1960 entstanden. Damals gab es ähnliche Bildstrukturen, die plastische Motive und streifig flache Ränder zusammenstellten, so daß manchmal die Motive wie ›Bild im Bild‹ aufzufassen waren.

Es gibt ein weiteres Indiz dafür, daß in *Straßenbild* Anregungen aus dem eigenen Frühwerk von Baselitz aufgenommen wurden. Die graphischen Arbeiten nämlich, die sich unmittelbar mit dem Gemälde-Zyklus auseinandersetzten, sind nicht mehr Holz- oder Linoldrucke, sondern Radierungen. Diese wiederholen nicht die Formeln dieser Bilder, sondern schließen sich den Zeichnungen an, die während der Arbeit an den Gemälden entstanden. Die Rückkehr zur Radierung im Duktus von Zeichnungen läßt an den Beginn des graphischen Werkes von Baselitz denken.

Die Zeichnung, dies stellt sich jetzt wieder heraus, bleibt für Baselitz diejenige Ebene seiner Kunst, die der Spekulation hinsichtlich des Stiles, der Erinnerung an biographische Konstellationen und dadurch der Überschreitung der realen Motive dient. Die Ablösung der Zeichnung aus der Materie der Malerei und die Weiterentwicklung der Derneburger Motive von 1975 bedingen einander. In formaler Hinsicht ist es nur konsequent, wenn den Linolschnitten bei diesem Stand der Arbeit die Aufgabe zuwächst, die Konturlinie aus der Fläche herauszulösen. Die Wechselwirkung von Bild zu Graphik läßt sich im Jahre 1979, als einige weitere Linolschnitte entstanden, gut verfolgen. Denn aus dem Diptychon *Akt und Baum* wurde die figurative Hälfte in den Linolschnitt *Ährenleserin* (Abb. S. 48) aufgenommen. Das graphische Blatt betont die zusammengesetzte Fläche des Bildes und artikuliert die Spannung zwischen der freien Lineatur der gebückten Figur und der gesamten Bildfläche, die durch den senkrecht laufenden ornamentalen Fries aktiviert wird (Abb. S. 48). Diese Beobachtung führt auf die zweite Konsequenz gewisser Bildkonstruktion aus *Straßenbild*, die im Mittelpunkt der Holzschnitte von 1981 steht. Es gibt in jenem Zyklus wie in den nachfolgenden *Straßenbildern* und in Gemälden wie *Mein Vater blickt aus dem Fenster* eine Gegenüberstellung eines Kopfes und einer als Buch oder Fenster benannten Fläche im Bild. Ein solches Gegenüber bewirkt eine kontrapunktische Dynamik von Kopf und Geviert, in der beide Elemente gleichberechtigt sind, wobei das Verhältnis dieser Elemente sowohl schroffes Gegeneinanderstehen wie dynamische Wechselwirkung hervorbringen

kann. Das Neue dieser vorläufig letzten graphischen Arbeiten von Baselitz besteht darin, daß innerhalb eines Blattes nicht bestimmte Punkte oder Konturen oder Motive durch das graphische Medium in eine besondere Sinnlichkeit oder Präsenz transformiert werden, sondern darin, daß die gesamte zur Verfügung stehende Fläche eine latente Dynamik beinhaltet, die durch die hellen Adern und fleckigen Aussparungen hervorbricht. Die Differenz zur Graphik früherer Jahre besteht darin, daß die figürlichen und nicht-figürlichen Passagen der Blätter den gleichen Rang beanspruchen. Deshalb gewinnt die Wechselwirkung vom Inneren nach dem Außen, das heißt vom ausgesparten Weiß zur Blattoberfläche, also dem Schwarz oder Rotbraun, das Gewicht bei der Beurteilung der Eigenart der letzten Arbeiten. Zeichnung und Fläche waren vorher nie auf diese Weise ineinander verwoben. Es scheint, als ob die Motive in einer eigentümlichen Schwebe verharren zwischen ihrem Erscheinen und ihrem Verhüllt- oder Verdecktwerden. Das graphische Medium ermöglicht die Sichtbarmachung dieses Austauschs zweier gegensätzlicher Tendenzen, in deren Kräften die Dynamik der Blätter begründet ist. Wie in den Bildern und Zeichnungen des Jahres 1982 sind starke emotionale Gebärden zugelassen, die das Innere der Figuren bloßlegen durch die Gegenüberstellung von Flächen gestischer Malerei und den Figuren. Die gleiche Korrespondenz von Fläche und Figur, die so prägnant die Graphik bestimmt, ließ schließlich die großen mehrfigurigen Bilder des Jahres 1983 *Nachtessen in Dresden* und *Brücke-Chor* realisierbar werden.

Baselitz hat es erreicht, daß das Motiv, ja selbst eine Motivreihe als solche im Bild erscheinen kann, ohne daß dieses illustrativ, erzählerisch oder anekdotisch wird.

Die Identität der Figuren mit dem Bild ist nicht die der Imitation, sondern eine solche der Durchdringung von innen und außen, von Konstruktion und Emotion. Selbst die Auseinandersetzung mit dem Expressiven wird nicht expressiv, sondern suggestive Malerei durch die konstruktive Intelligenz der Werke. Ohne selbst expressiv zu sein, gelingt es dem Künstler, eine visionäre Malerei zu realisieren, die sich nicht in den Bildraum vertieft und schließlich illusionär wird, sondern eine kraftvolle, wandbildhafte Präsenz schafft, die auf den Betrachter zukommt – dichte Texturen, wie auch in den graphischen Werken, in denen das Gesetz der Oberfläche niemals außer Kraft gesetzt wird.

S. G.

Cette observation nous conduit à la seconde conséquence d'une construction inspirée du *Tableau de rue,* qui se trouve au cœur des gravures sur bois de 1981. Ce cycle, comme les *Tableaux de rue* suivantes et les toiles telles que *Mein Vater blickt aus dem Fenster (Mon père regarde par la fenêtre)* contient une opposition entre une tête et une surface figurative désignée comme un livre ou une fenêtre. Cette confrontation produit une dynamique en contrepoint de la tête et du carré, dans laquelle ces deux éléments jouissent des mêmes droits; leur rapport peut engendrer aussi bien une juxtaposition brutale qu'une interaction dynamique. La nouveauté de ces gravures de Baselitz, provisoirement les dernières, réside en ceci: au sein de l'œuvre, le medium ne confère à aucun point, aucun contour ou motif déterminés de sensibilité, de présence particulière; en fait, l'ensemble de la surface possède une dynamique latente qui perce impétueusement à travers les veines claires et les taches réservées. La différence par rapport aux gravures antérieures est que les éléments figuratifs et non figuratifs des estampes revendiquent désormais le même rang. Aussi, si l'on cherche à analyser la particularité de ces derniers travaux, faut-il attribuer une importance primordiale à l'interaction de l'intérieur vers l'extérieur, c'est-à-dire des réserves blanches vers la surface de la feuille, le noir ou le brun-rouge. Autrefois, dessin et surface ne s'imbriquaient pas de cette manière. On dirait que les motifs persistent dans une incertitude singulière, hésitant à apparaître ou à se dissimuler. La gravure permet de rendre visible cet échange entre deux tendances contraires, dont les forces font toute la dynamique de ces œuvres. Comme dans les toiles et les dessins de 1982, l'artiste a laissé libre cours à des gestes empreints d'une puissante émotion, qui révèlent l'intimité des personnages par la juxtaposition des surfaces de peinture gestuelle et des figures. La correspondance entre la surface et la figure, qui a joué un rôle si important dans la gravure, a finalement permis la réalisation des grandes toiles à plusieurs personnages, *Nachtessen in Dresden (Repas du soir à Dresde)* et *Brücke-Chor (Chœur de ‹Die Brücke›).*

Baselitz est parvenu à faire apparaître le motif en tant que tel, voire une série de motifs, dans l'image, sans que celle-ci devienne illustrative, narrative ou anecdotique.

L'identité entre les figures et l'image n'est pas celle de l'imitation, mais celle de l'interpénétration de l'intérieur et de l'extérieur, da la construction et de l'émotion. Grâce à l'intelligence de la construction des œuvres, les préoccupations expressives renoncent à l'expressivité au profit d'une peinture suggestive. Sans être lui-même expressif, l'artiste est parvenu à créer une peinture visionnaire qui ne s'enfonce pas dans l'espace de l'image pour devenir finalement illusoire, mais qui engendre une présence puissante, évoquant celle des fresques, qui s'avance vers le spectateur – des textures compactes, comme on peut également l'observer dans les gravures, qui jamais n'abrogent la loi de la surface.

S.G.

Traduit par Odile Desmanges.

51

Oberon, Radierung, Vernis mou, 1963/64   (Kat. Nr. 2)

Partisan, Kaltnadelradierung, 1966   (Kat. Nr. 24)

54

Ohne Titel, Kaltnadelradierung, 1967   (Kat. Nr. 39)

Ohne Titel, Farbholzschnitt, 1966   (Kat. Nr. 33 a)

Ohne Titel, Farbholzschnitt, 1966   (Kat. Nr. 34)

Großer Kopf, Farbholzschnitt, 1966 (Kat. Nr. 36 a)   *LR,* Farbholzschnitt, 1966 (Kat. Nr. 32 a)

Ohne Titel, Holzschnitt, 1967   (Kat. Nr. 37 a)

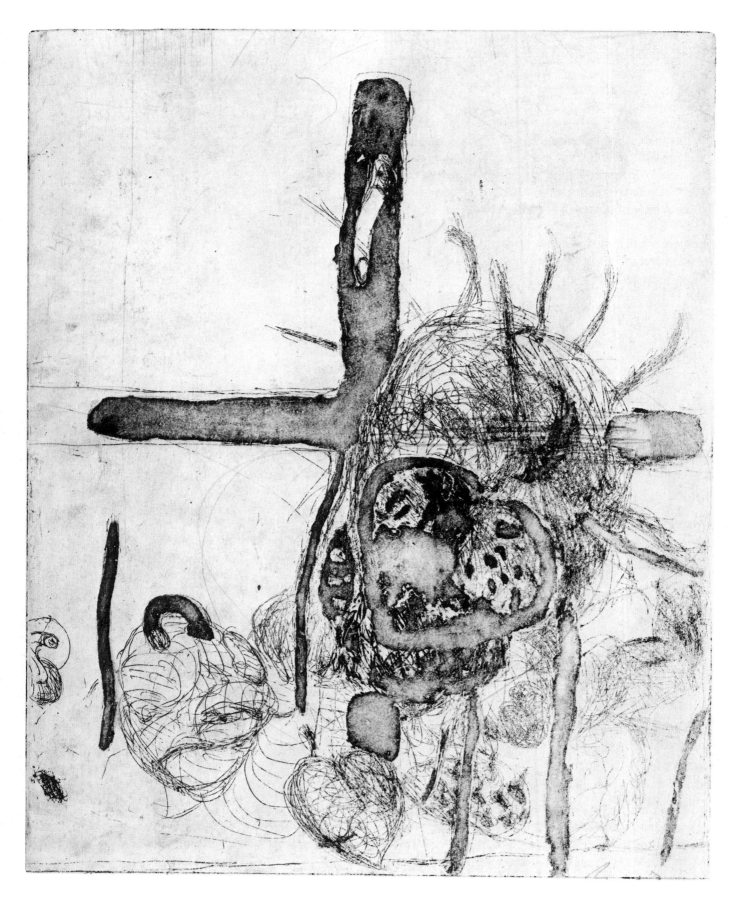

Kreuz und Herz, Radierung, Vernis mou mit Aquatinta, 1963   (Kat. Nr. 1)

Köpfe, Radierung, Vernis mou, 1964   (Kat. Nr. 4)

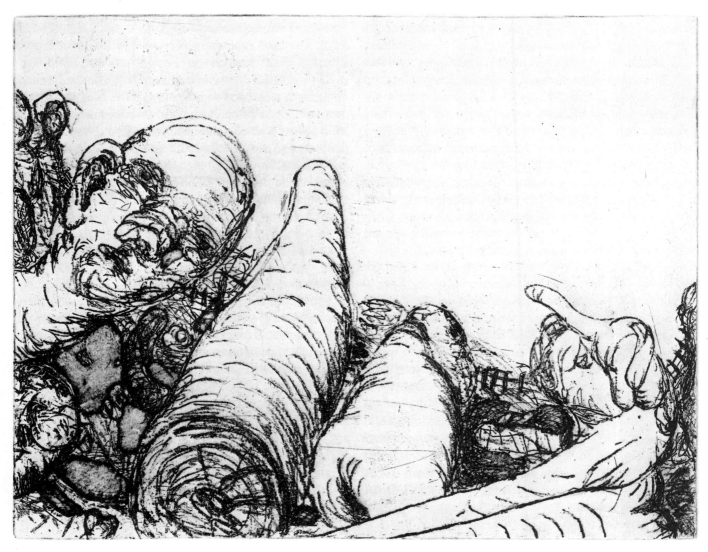

Ohne Titel, Radierung, Vernis mou, 1964/65   (Kat. Nr. 3)

Hund, Radierung, Vernis mou, 1964   (Kat. Nr. 7)

Heulende Hunde, Radierung, Vernis mou, 1964   (Kat. Nr. 8)

Der Wald, Radierung, Vernis mou, mit Tusche überarbeitet, 1964   (Kat. Nr. 10 a)

66

Kahlschlag, Radierung, Vernis mou, 1964   (Kat. Nr. 9)

Kopf – Ohr, Radierung, Vernis mou, 1964   (Kat. Nr. 6)

68

Idol, Radierung, Vernis mou, 1964 (Kat. Nr. 5)

Hirte, Kaltnadelradierung, 1964   (Kat. Nr. 12)

70

Ohne Titel, Radierung, 1965 (Kat. Nr. 17)

Ohne Titel, Kaltnadelradierung, 1965   (Kat. Nr. 18)

Ohne Titel, Kaltnadelradierung, 1966 (Kat. Nr. 25)

Ohne Titel (Typ) / Grüner am Baum, Kaltnadelradierung, 1965   (Kat. Nr. 14)

L. R. auf dem Weg zur Arbeit, Kaltnadelradierung, 1965   (Kat. Nr. 13)

Der Hirte, Radierung, Kaltnadel mit Aquatinta, 1965   (Kat. Nr. 20)

Rebell, Radierung, Kaltnadel mit Aquatinta, 1965 (Kat. Nr. 19)

Grün – Roter, Kaltnadelradierung, 1966   (Kat. Nr. 22)

78

Rebell mit Fahne, Kaltnadelradierung, 1966   (Kat. Nr. 26)

Die Falle, Kaltnadelradierung, 1965   (Kat. Nr. 16)

80

Versperrter Maler, Kaltnadelradierung, 1965   (Kat. Nr. 15)

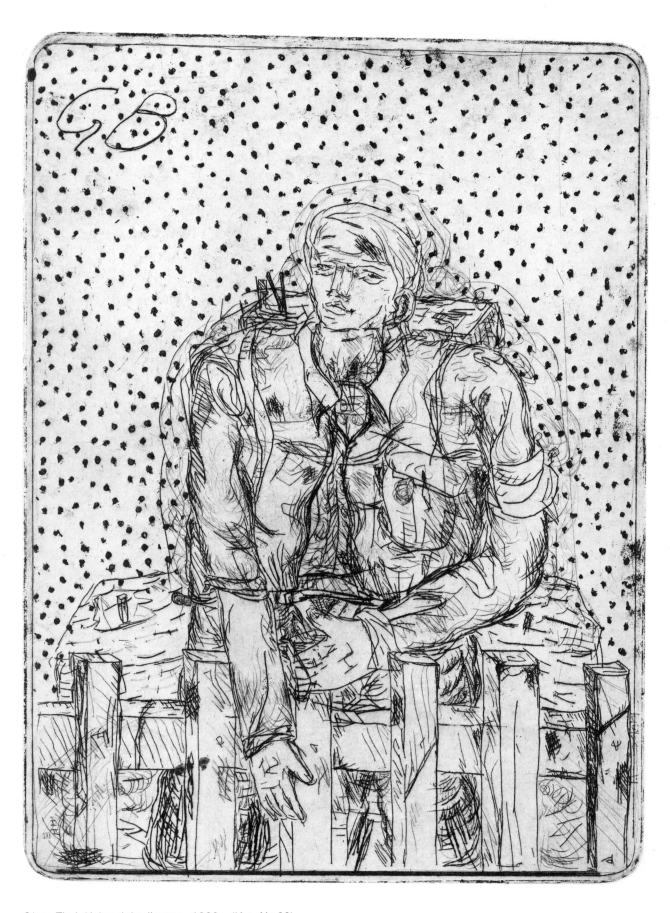

Ohne Titel, Kaltnadelradierung, 1966   (Kat. Nr. 30)

82

Roter vorm Baum, Kaltnadelradierung, 1966   (Kat. Nr. 27)

Hirte, Kaltnadelradierung, 1966   (Kat. Nr. 29)

84

Das Haus, Radierung, Kaltnadel und Vernis mou, 1966 (Kat. Nr.28)

Das Schaf, Kaltnadelradierung, 1964/66   (Kat. Nr. 11)

Einer am Baum, Kaltnadelradierung, 1966   (Kat. Nr. 23)

Ohne Titel, Radierung, Kaltnadel mit Aquatinta, 1965/66   (Kat. Nr. 21)

Ohne Titel, Holzschnitt, 1966   (Kat. Nr. 31)

Paranoiamarsch, Kaltnadelradierung, 1967   (Kat. Nr. 41)

Der Jäger, Kaltnadelradierung, 1967   (Kat. Nr. 38)

Geteilte Kuh,
Radierung,
Vernis mou,
1969
(Kat. Nr. 46)

Kuh nach rechts
drei Teile,
Radierung,
Vernis mou, 1969
(Kat. Nr. 43)

Zwei Kühe,
Kaltnadel-
radierung,
1969
(Kat. Nr. 47)

Eine Kuh,
Radierung,
1969
(Kat. Nr. 48)

Beatrice, Kaltnadelradierung, 1969   (Kat. Nr. 50)

Hochstein, Kaltnadelradierung, 1969   (Kat. Nr. 52)

Kahlschlag, Radierung, 1970   (Kat. Nr. 53)

96

Ohne Titel, Mappe ›*Eine Woche*‹, Kaltnadelradierung, 1971/72   (Kat. Nr. 56)

Landschaft, Kaltnadelradierung, 1971/72   (Kat. Nr. 55)

98

Ohne Titel, Mappe ›*Eine Woche*‹, Kaltnadelradierung, 1972   (Kat. Nr. 57)

Ohne Titel, ›Triptychon‹, Blatt 1, Kaltnadelradierung, 1972/73   (Kat. Nr. 59)

Ohne Titel, ›Triptychon‹, Blatt 2, Kaltnadelradierung, 1973   (Kat. Nr. 60)

Ohne Titel, ›Triptychon‹, Blatt 3, Kaltnadelradierung, 1973   (Kat. Nr. 61)

Ohne Titel, Kaltnadelradierung, 1973   (Kat. Nr. 63)

Ohne Titel, Kaltnadelradierung, 1973   (Kat. Nr. 64)

Ohne Titel, Kaltnadelradierung, 1972/73   (Kat. Nr.67)

Ohne Titel, Kaltnadelradierung, 1973 (Kat. Nr. 62)

Ohne Titel, Kaltnadelradierung, 1972/73 (Kat. Nr. 65)

Bäume, Radierung, Kaltnadel und Ätzung, 1974   (Kat. Nr. 79 b)

Ohne Titel, Mappe ›*Adler*‹, Radierung, Kaltnadel und Ätzung, 1974   (Kat. Nr. 83)

Baum, Radierung, Kaltnadel und Aquatinta, 1974   (Kat. Nr. 78 b)

110

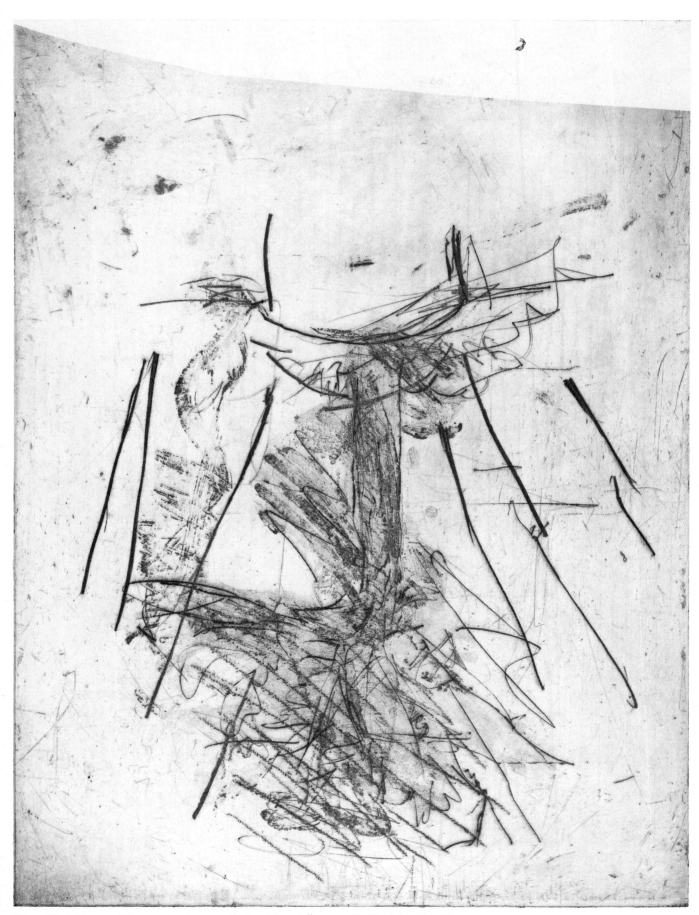

Ohne Titel, Mappe ›*Bäume*‹, Radierung, Kaltnadel und Ätzung, 1974 (Kat. Nr. 72)

Ohne Titel, Mappe ›*Bäume*‹, Radierung, Kaltnadel und Ätzung, 1974   (Kat. Nr. 73)

Ohne Titel, Mappe ›*Bäume*‹, Kaltnadelradierung, 1974/75   (Kat. Nr. 75 b)

Ohne Titel, Mappe ›*Bäume*‹, Kaltnadelradierung, 1975   (Kat. Nr. 76)

114

Ohne Titel, Mappe ›*Bäume*‹, Radierung, Kaltnadel und Ätzung, 1974   (Kat. Nr. 74)

Ohne Titel, Mappe ›*Bäume*‹, Kaltnadelradierung, 1974   (Kat. Nr. 77 a)

Bäume, Radierung und Ätzung, 1974   (Kat. Nr. 80a)

Sitzender Akt, Radierung und Ätzung, 1974   (Kat. Nr. 91)

118

Bäume, Radierung, Kaltnadel und Ätzung, 1974   (Kat. Nr. 81)

Ohne Titel, Mappe ›*Adler*‹, Farbholzschnitt, 1974   (Kat. Nr. 85 b)

120

Ohne Titel, Mappe ›*Adler*‹, Farbholzschnitt, übermalt, 1974   (Kat. Nr. 87 b)

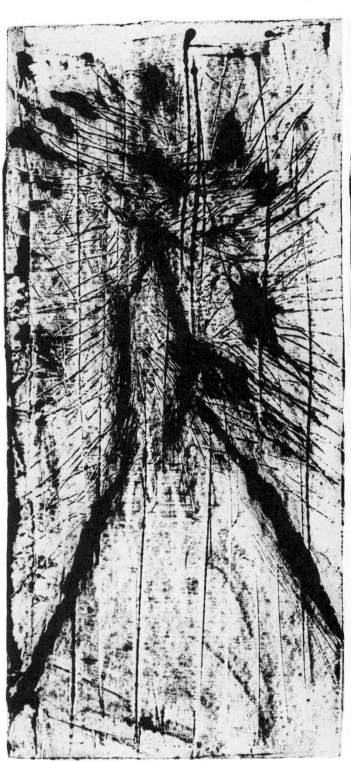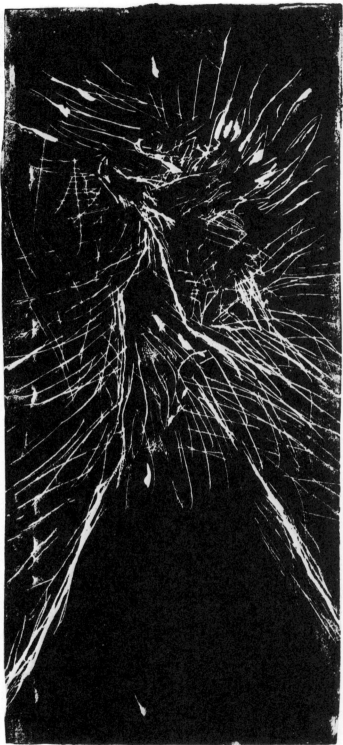

Adler, positiv/negativ, Linolschnitt, 1977   (Kat. Nr. 103)

Adler für ›Schweinebraden-Mappe‹, positiv/negativ, Linolschnitt, 1977   (Kat. Nr. 104)

Elke im Lehnstuhl, Holzschnitt, 1976   (Kat. Nr. 98)

Elke im Lehnstuhl, Holzschnitt mit Monotypie, 1976 (Kat. Nr. 97)

Adler im Gebirge, Linolschnitt, 1977   (Kat. Nr. 105 b und e)

Fliegender Adler, Linolschnitt, 1977   (Kat. Nr.106)

Lesender Mann, Mappe ›*Straßenbild*‹, Linolschnitt, 1981   (Kat. Nr. 113)

128

Kopf im Fenster, Mappe ›*Straßenbild*‹, Linolschnitt, 1981   (Kat. Nr.114)

Ohne Titel, Mappe ›*Straßenbild*‹, Kaltnadelradierung, 1981   (Kat. Nr. 115)

Ohne Titel, Mappe ›*Straßenbild*‹, Kaltnadelradierung, 1981   (Kat. Nr. 116)

Ohne Titel, Mappe ›*Straßenbild*‹, Kaltnadelradierung, 1981   (Kat. Nr. 117)

Ohne Titel, Mappe ›*Straßenbild*‹, Kaltnadelradierung mit Aquatinta, 1981   (Kat. Nr. 118)

Ohne Titel, Mappe ›*Straßenbild*‹, Kaltnadelradierung, 1981   (Kat. Nr. 119)

Ohne Titel, Mappe ›*Straßenbild*‹, Kaltnadelradierung, 1981   (Kat. Nr. 120)

Ohne Titel, Mappe ›*Straßenbild*‹, Aquatintaradierung, 1981   (Kat. Nr. 121)

Ohne Titel, Mappe ›*Straßenbild*‹, Kaltnadelradierung, 1981 (Kat. Nr. 122)

Ohne Titel, Mappe ›*Adler, Baum, Frau im Fenster…*‹,
Kaltnadelradierung, 1980   (Kat. Nr. 109 b)

138

Ohne Titel, Mappe ›*Adler, Baum, Frau im Fenster*…‹,
Kaltnadelradierung, 1980   (Kat. Nr. 109a)

Ohne Titel, Mappe ›*Adler, Baum, Frau im Fenster…*‹,
Kaltnadelradierung, 1980   (Kat. Nr. 110)

140

Adler, Mappe ›*Adler, Baum, Frau im Fenster…*‹,
Kaltnadelradierung, 1980   (Kat. Nr. 111)

Adler, Aquatintaradierung, 1980   (Kat. Nr. 108)

142

Winkende Frau, Mappe ›*Adler, Baum, Frau im Fenster…*‹, Aquatintaradierung, 1980   (Kat. Nr.112)

Adieu, Kaltnadelradierung, 1982 (Kat. Nr. 148)

Ohne Titel, Mappe ›*Adler*‹, Holzschnitt, überarbeitet, 1974   (Kat. Nr. 90b)

Mann am Strand, Farbholzschnitt, 1981   (Kat. Nr. 130 b)

146

Mann am Strand, Farbholzschnitt, überarbeitet, 1981   (Kat. Nr. 131)

Mann am Strand, Farbholzschnitt, 1981   (Kat. Nr. 133)

Mein Vater blickt aus dem Fenster, Farbholzschnitt, 1981 (Kat. Nr. 135)

Trinker / Kopf mit Flasche, Farbholzschnitt, überarbeitet, 1981   (Kat. Nr. 137)

Trinker, Mappe ›*Erste Konzentration*‹, Farblinolschnitt, 1981/82   (Kat. Nr. 138)

Profilkopf, Farbholzschnitt, 1982   (Kat. Nr. 141)

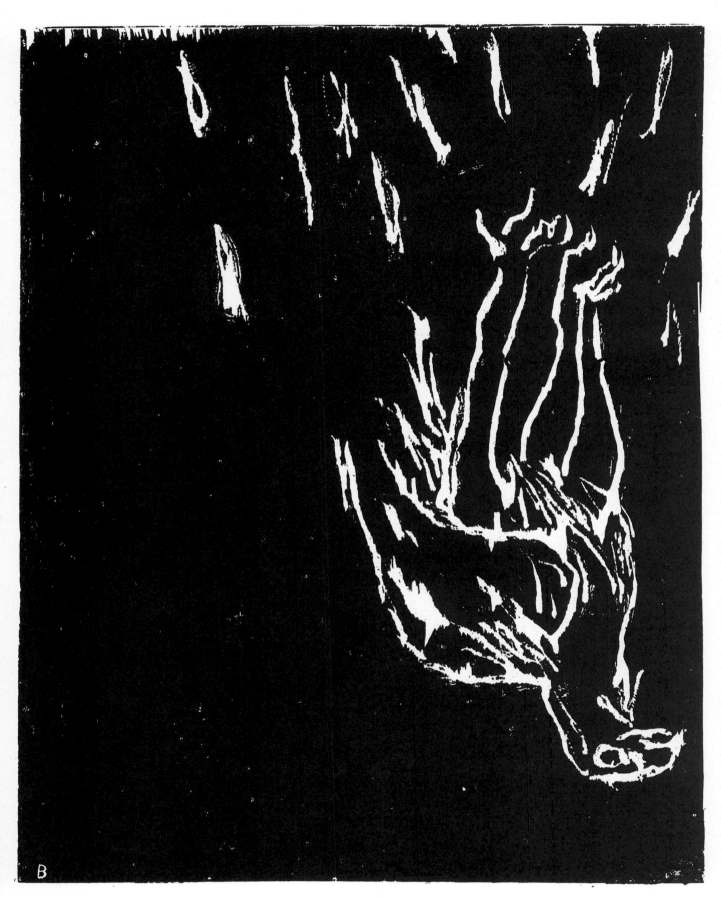

Adler, Mappe ›*Erste Konzentration*‹, Holzschnitt, 1981   (Kat. Nr.139)

Dicker Mann, Holzschnitt, 1982 (Kat. Nr. 144)

Mann in der Tür, Holzschnitt, 1982   (Kat. Nr. 145)

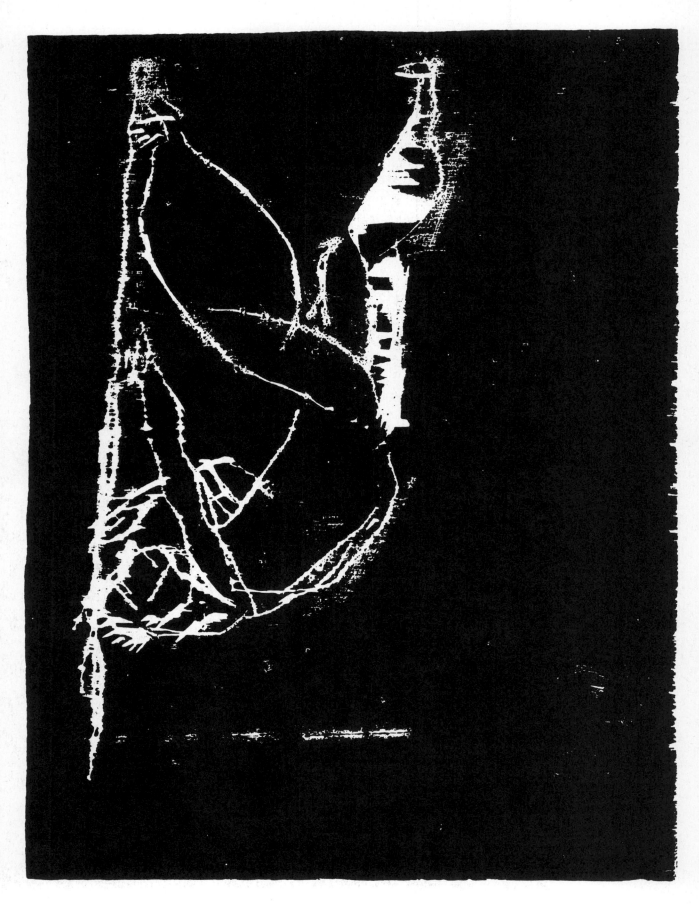

Der Italiener, Holzschnitt, 1982   (Kat. Nr. 143)

Mann am Strand, Holzschnitt, 1981   (Kat. Nr. 132)

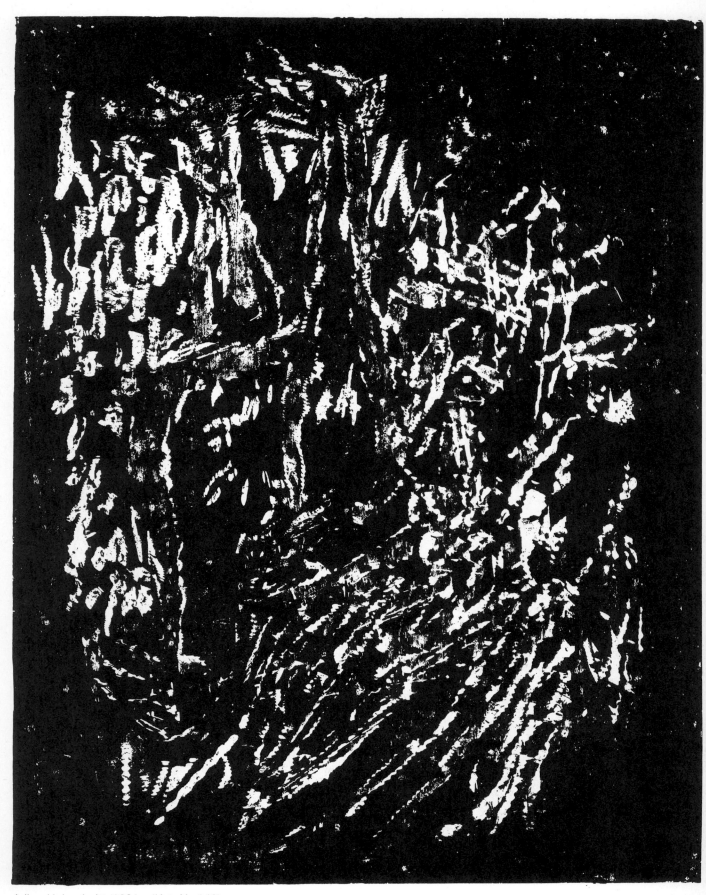

Adler, Holzschnitt, 1981   (Kat. Nr. 140)

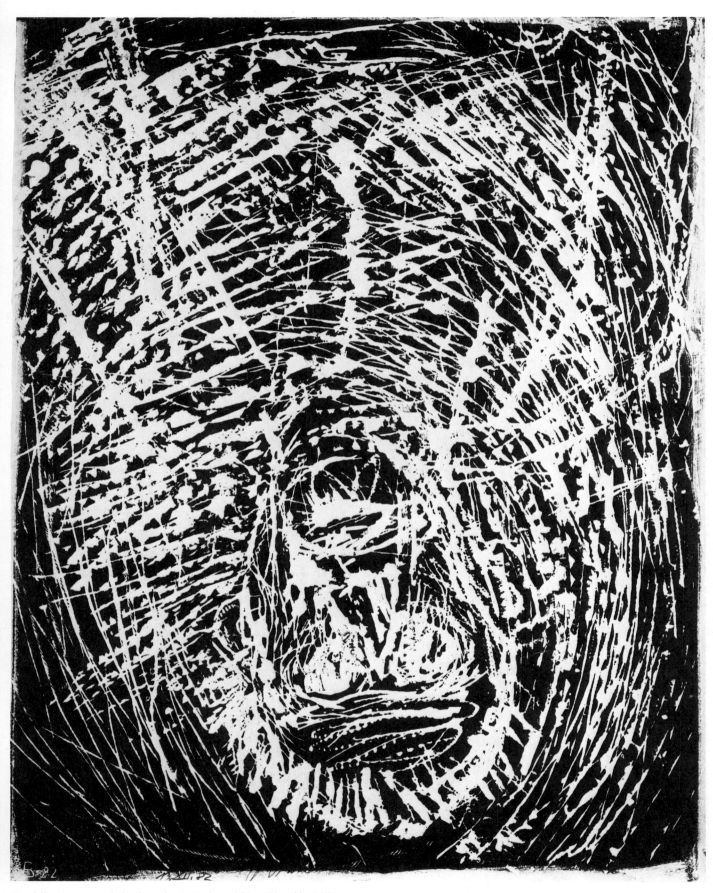

Kopf für Krater und Wolke, Linolschnitt, 1982   (Kat. Nr. 147)

Verzeichnis
der ausgestellten
Werke

List of works
exhibited

Catalogue des œuvres
exposés

Glossar	Abzug	proof	épreuve
Glossary	Ätzung	etching	eau-forte
Glossaire	Aquatinta	aquatint	aquatinte
	aufgewalzt	mounted	appliqué
	Auflage	edition	tirage
	Bütten(papier)	hand-made paper	vélin
	China(papier)	China paper	Chine
	– aufgewalztes China	– mounted china paper (chine collé)	– Chine appliqué
	Farbholzschnitt	colour woodcut	bois gravé (xylographie) en couleur
	Farbvarianten	colour variations	variantes colorées
	Filterpapier	filter paper	papier filtre
	Fingermalerei	fingerpainting	peinture au doigt
	Finnenpappe	finnish cardboard	‹carton finlandais›
	Fotokarton	cardboard for mounting photographs	carton
	grundiert	grounded	
	Grundplatte	printing plate	planche de fond
	Holzschnitt	woodcut	bois gravé / xylographie
	– von zwei Stöcken	– from two blocks	– en deux blocs / en deux planches
	– von drei Stöcken	– from three blocks	– en trois blocs / en trois planches
	Holzstich	wood engraving	taille-douce sur bois
	Holzstock	wood block	bloc (de bois)
	Japanpapier	Japan paper	papier japon
	– imitiertes Japanpapier	– imitation Japan paper (papier simili-japon)	– papier simili-japon
	Kaltnadel	drypoint	pointe sèche
	– auf Zink	– on zinc	– sur zinc
	– auf Kupfer	– on copper	– sur cuivre
	Kaltnadelradierung	drypoint engraving	pointe sèche
	–, geschabt	–, scraped (or burnished)	– manière noire
	Kohle	charcoal	fusain
	Kunstdruckpapier	art paper	papier couché
	Kunstharzplatte	synthetic resin block	bloc de résine synthétique
	Kupferdruckbütten	copper-plate hand-made paper	vélin à la cuve
	Kupferdruckpapier	copper-plate paper	papier à la cuve
	Linolschnitt	lino-cut	linogravure
	Lithographie	lithography	lithographie
	Mappe	portfolio	portefeuille
	Maschinenbütten(papier)	mould-made paper	papier à la cuve industriel
	– grundiertes Maschinenbütten	– prepared mould-made paper	– preparé
	Monotypie	monotype	monotype
	Öl auf Leinwand	oil on canvas	huile sur toile
	Ölfarbe	oil paint	huile
	Offsetpapier	offset paper	papier offset
	– grundiertes Offsetpapier	– prepared offset paper	– préparé
	Plattenformat	plate size	dimensions de la planche
	Probedruck	proof	épreuve d'essai
	Radierung	engraving	eau-forte
	Schwarze Tusche	indian ink	encre de Chine noire
	Stock/Stöcke (Holz-/-)	block/blocks (wood block, -s)	bloc/blocs (de bois)
	Strichätzung	line etching	gravure au trait
	Tonstock	colour block	planche de fond
	Transparentpapier	transparent paper	papier transparent
	– aufgewalztes Transparentpapier	– mounted transparent paper (papier collé)	– appliqué
	überarbeitet, übergangen	drawn over, over painted	rehaussé
	übermalt	over painted	rehaussé / repris (à l'huile etc.)
	Vernis mou	vernis mou (soft ground)	vernis mou
	Vorsatzpapier	fly-leaf paper	papier vergé
	Werkdruckpapier	antique wove paper	papier d'édition
	Zeichnung	drawing	dessin
	Zeitungspapier	newsprint paper	papier journal
	Zustand/Zustände	state/states	état/états

1 *Kreuz und Herz,* 1963
   Cross and Heart / Croix et coeur
Radierung, Vernis mou, Aquatinta auf Zink
Plattenformat: 30,5 x 24,7 cm
(Jahn 1)
1. Zustand, Probedruck auf Bütten:
35 x 25,5 cm
Abb. S. 61

2 *Oberon,* 1963/64
   Oberon / Obéron
Radierung, Vernis mou auf Zink
Plattenformat: 30 x 24,8 cm
(Jahn 2)
a)   2. Zustand, Probedruck, mit Kohle
überarbeitet und Wachsspuren von Vernis
mou, auf Vorsatzpapier: 30,2 x 25 cm
b)   4. Zustand, Probedruck, aquarelliert, auf
Kupferdruckpapier
Abb. S. 53

3 *Ohne Titel,* 1964/65
   Untitled / Sans titre
Radierung, Vernis mou auf Zink
Plattenformat: 18,7 x 24,5 cm
(Jahn 3)
3. Zustand, Auflage auf Kupferdruckpapier:
38,5 x 53,3 cm
Exemplar 15/20
Abb. S. 63

4 *Köpfe,* 1964 / *Heads / Têtes*
Radierung, Vernis mou auf Zink
Plattenformat: 30,8 x 24,6 cm
(Jahn 5)
2. Zustand (mit Aquatinta), Probedruck auf
altem rosa Bütten: 62,3 x 43,7 cm
Abb. S. 62

5 *Idol,* 1964 / *Idol / Idole*
Radierung, Vernis mou auf Zink
Plattenformat: 30,5 x 24,8 cm
(Jahn 6)
1. Zustand, Probedruck auf Rives-Bütten:
61,5 x 45 cm
Abb. S. 69

6 *Kopf – Ohr,* 1964
   Head-Ear / Tête-Oreille
Radierung, Vernis mou auf Zink
Plattenformat: 24,5 x 29,8 cm
(Jahn 7)
2. Zustand, Auflage auf
Richard-de-Bas-Bütten: 65 x 50 cm
Exemplar I/II
Abb. S. 68

7 *Hund,* 1964 / *Dog / Chien*
Radierung, Vernis mou auf Zink
Plattenformat: 24,5 x 31 cm
(Jahn 10)
1. Zustand, Auflage auf Kupferdruckpapier:
39 x 52,5 cm
Exemplar 6/20
Abb. S. 64

8 *Heulende Hunde,* 1964
   Howling Dogs / Chien hurlant
Radierung, Vernis mou auf Zink
Plattenformat: 24,7 x 30,2 cm
(Jahn 11)
1. Zustand, Probedruck auf Vorsatzpapier:
48,5 x 62 cm
Abb. S. 65

9 *Kahlschlag,* 1964
   Clearing / Coupe rase
Radierung, Vernis mou auf Zink
Plattenformat: 24,5 x 30,5 cm
(Jahn 14)
4. Zustand, Auflage auf Kupferdruckpapier:
65 x 50 cm
Exemplar 13/20
Abb. S. 67

10 *Der Wald,* 1964 / *The Wood / La forêt*
Radierung, Vernis mou auf Zink
Plattenformat: 24,5 x 31 cm
(Jahn 15)
a)   1. Zustand, Probedruck, mit schwarzer
Tusche überarbeitet, auf Kupferdruckpapier:
39,5 x 52,8 cm
Abb. S. 66
b)   1. Zustand, Abzug aus Auflage, auf
Kupferdruckpapier: 39 x 52 cm
Exemplar 15/20

11 *Das Schaf,* 1964/66
   The Sheep / Le mouton
Radierung, Kaltnadel auf Zink
Plattenformat: 32,3 x 23,5 cm
(Jahn 16)
3. Zustand, Auflage auf Kupferdruckpapier:
43 x 32 cm
Exemplar 5/10
Abb. S. 86

12 *Hirte,* 1964 / *Herdsman / Berger*
Radierung, Kaltnadel auf Zink
Plattenformat: 24,5 x 19,8 cm
(Jahn 18)
2. Zustand, Auflage auf
Richard-de-Bas-Bütten: 65 x 50 cm
Exemplar 16/20
Abb. S. 70

13 *L. R. auf dem Weg zur Arbeit,* 1965
   L. R. on the Way to Work
   L. R. se rendant au travail
Radierung, Kaltnadel auf Zink
Plattenformat: 31,5 x 24 cm
(Jahn 21)
2. Zustand, Auflage auf Kupferdruckpapier:
44,5 x 31,5 cm
Exemplar I/III
Abb. S. 75

14 *Ohne Titel (Typ)/Grüner am Baum,*
   1965
   Untitled (Type)/Green by a Tree
   Sans titre (type) / Vert près de l'arbre
Radierung, Kaltnadel auf Zink
Plattenformat: 32 x 23,5 cm
(Jahn 22)
1. Zustand, Auflage auf
Richard-de-Bas-Bütten: 65 x 50 cm
Exemplar I/II
Abb. S. 74

15 *Versperrter Maler,* 1965
   Inhibited Painter / Peintre inhibé
Radierung, Kaltnadel auf Zink
Plattenformat: 32 x 24,5 cm
(Jahn 23)
1. Zustand, Probedruck auf Kupferdruckpapier:
43,8 x 32,4 cm
Abb. S. 81

16 *Die Falle,* 1965 / *The Trap / Le piège*
Radierung, Kaltnadel auf Zink
Plattenformat: 31,5 x 23,5 cm
(Jahn 24)
1. Zustand, Probedruck auf Kupferdruckpapier:
38,3 x 29,5 cm
Abb. S. 80

17 *Ohne Titel,* 1965
   Untitled / Sans titre
Radierung, Kaltnadel, geätzt auf Zink
Plattenformat: 31,5 x 24,7 cm
(Jahn 25)
2. Zustand, Auflage auf
Richard-de-Bas-Bütten: 65 x 50 cm
Exemplar I/II
Abb. S. 71

18 *Ohne Titel,* 1965
   Untitled / Sans titre
Radierung, Kaltnadel auf Zink
Plattenformat: 31 x 24,5 cm
(Jahn 26)
6. Zustand, Probedruck auf Kupferdruckpapier:
43,4 x 32,5 cm
Abb. S. 72

19　*Rebell,* 1965 / *Rebel / Rebelle*
Radierung, Kaltnadel, Aquatinta auf Zink
Plattenformat: 32 × 23,5 cm
(Jahn 27)
2. Zustand, Probedruck auf Kupferdruckpapier:
44,2 × 32,2 cm
Abb. S. 77

20　*Der Hirte,* 1965
　　The Herdsman / Le Berger
Radierung, Kaltnadel, Aquatinta auf Zink
Plattenformat: 31,5 × 21 cm
(Jahn 28)
2. Zustand, Probedruck auf Kupferdruckpapier:
43,6 × 32,6 cm
Abb. S. 76

21　*Ohne Titel,* 1965/66
　　Untitled / Sans titre
Radierung, Kaltnadel, Aquatinta auf Zink
Plattenformat: 31,5 × 24 cm
(Jahn 29)
5. Zustand, Probedruck auf Kupferdruckpapier:
43,2 × 32,4 cm
Abb. S. 88

22　*Ohne Titel (Typ) / Grün-Roter,* 1966
　　Untitled (Type) / Green-Red
　　Sans titre (Type) / Vert-Rouge
Radierung, Kaltnadel auf Zink
Plattenformat: 32,4 × 23,7 cm
(Jahn 30)
3. Zustand, Auflage auf
Richard-de-Bas-Bütten: 65 × 50 cm
Exemplar I/II
Abb. S. 78

23　*Einer am Baum* 1966
　　Man by a Tree / Individu près de l'arbre
Radierung, Kaltnadel auf Zink
Plattenformat: 32 × 23,8 cm
(Jahn 32)
1. Zustand, Probedruck auf Kupferdruckpapier:
49 × 37 cm
Abb. S. 87

24　*Partisan,* 1966 / *Partisan / Partisan*
Radierung, Kaltnadel auf Zink
Plattenformat: 32 × 32,8 cm
(Jahn 34)
1. Zustand, Probedruck auf Kupferdruckpapier:
49 × 37 cm
Abb. S. 54

25　*Ohne Titel,* 1966
　　Untitled / Sans titre
Radierung, Kaltnadel auf Zink
Plattenformat: 32,6 × 25,5 cm
(Jahn 36)
1. Zustand, Auflage auf Kupferdruckpapier:
42,2 × 32,5 cm
Exemplar 2/10
Abb. S. 73

26　*Rebell mit Fahne,* 1966
　　Rebel with Flag / Rebelle au drapeau
Radierung, Kaltnadel auf Zink

Plattenformat: 31,5 × 23,8 cm
(Jahn 37)
2. Zustand, Auflage auf Kupferdruckpapier:
43,2 × 32,5 cm
Exemplar 4/10
Abb. S. 79

27　*Roter vorm Baum,* 1966
　　Red against a Tree
　　Rouge devant l'arbre
Radierung, Kaltnadel auf Zink
Plattenformat: 32,5 × 23,5 cm
(Jahn 39)
2. Zustand, Probedruck auf Kupferdruckpapier:
43,2 × 32,5 cm
Abb. S. 83

28　*Das Haus,* 1966
　　The House / La maison
Radierung, Kaltnadel, Vernis mou auf Zink
Plattenformat: 31,5 × 24,5 cm
(Jahn 41)
3. Zustand, Auflage auf Kupferdruckpapier:
54,4 × 37,7 cm
Exemplar 2/20
Abb. S. 85

29　*Hirte,* 1966 / *Herdsman / Berger*
Radierung, Kaltnadel auf Zink
Plattenformat: 32 × 23,7 cm
(Jahn 42)
2. Zustand, Probedruck auf Kupferdruckpapier:
43,5 × 32,6 cm
Abb. S. 84

30　*Ohne Titel,* 1966
　　Untitled / Sans titre
Radierung, Kaltnadel auf Zink
Plattenformat: 32,5 × 23,5 cm
(Jahn 43)
3. Zustand, Auflage auf
Richard-de-Bas-Bütten: 65 × 50 cm
Exemplar I/II
Abb. S. 82

31　*Ohne Titel,* 1966
　　Untitled / Sans titre
Holzschnitt
Holzstock: 42 × 32,5 cm
(Jahn 44)
2. Zustand, Probedruck auf Japanpapier
(Richard-de-Bas): 65 × 50 cm
Abb. S. 89

32　*LR,* 1966 / *LR / LR*
Holzschnitt, 3 Stöcke
Holzstock: 42 × 33 cm
(Jahn 49)
a)　2. Zustand, Probedruck schwarz/graubraun
auf Werkdruckpapier (auf der Rückseite alte
Lithographie): 43 × 34 cm
Abb. S. 59
b), c), d)　Drei Exemplare aus Auflage, von
2 oder 3 Stöcken, verschiedene Farbvarianten,
verschiedene Papiere: 45 × 35 cm bis 46 × 38 cm

33　*Ohne Titel,* 1966
　　Untitled / Sans titre
Holzschnitt, 2 Stöcke
Holzstock: 42 × 33 cm
(Jahn 50)
a)　3. Zustand, Auflage, unnumeriert,
oliv/schwarz auf Werkdruckpapier:
41,5 × 33,2 cm
Abb. S. 56
b)　3. Zustand, Auflage braun/schwarz auf
Werkdruckpapier: 43 × 34 cm

34　*Ohne Titel,* 1966
　　Untitled / Sans titre
Holzschnitt, 3 Stöcke
Holzstock: 40 × 32,7 cm
(Jahn 52)
2. Zustand, Probedruck mit Tonstock ocker
von Nr. 53 im 3. Zustand, auf Vorsatzpapier:
40 × 32,5 cm
Abb. S. 57

35　*Ohne Titel,* 1966
　　Untitled / Sans titre
Holzschnitt, 3 Stöcke
Holzstock: 37,5 × 31,5 cm
(Jahn 53)
a)　3. Zustand, Auflager ocker/grün/schwarz
auf Vorsatzpapier: 40,5 × 33 cm
b)　4. Zustand, Auflage, unnumeriert auf
Werkdruckpapier: 39 × 33 cm

36　*Großer Kopf,* 1966
　　Large Head / Grande tête
Holzschnitt, 3 Stöcke
Holzstock: 47,5 × 40,5 cm
(Jahn 54)
2. Zustand,
a)　Probedruck schwarz/oliv/rosa
auf grundiertem Maschinenbütten:
48,5 × 40,9 cm
Abb. S. 58
b)　Probedruck schwarz/hellgrün auf
Japanpapier: 63 × 48 cm

37　*Ohne Titel,* 1967
　　Untitled / Sans titre
Holzschnitt, 3 Stöcke
Holzstock: 36 × 30 cm
(Jahn 55)
a)　2. Zustand, Probedruck schwarz/rotbraun
auf Vorsatzpapier: 39,5 × 32,9 cm
Abb. S. 60
b)　2. Zustand, Probedruck braun/schwarz auf
grundiertem Werkdruckpapier: 43,2 × 33 cm
c)　3. Zustand, Probedruck braun/schwarz auf
Maschinenbütten: 39,5 × 33 cm
Abb. S. 60

38　*Der Jäger,* 1967
　　The Hunter / Le chasseur
Radierung, Kaltnadel auf Kupfer
Plattenformat: 33,5 × 24,5 cm
(Jahn 57)
2. Zustand, Probedruck auf Kupferdruckpapier:
46 × 32,1 cm
Abb. S. 91

39 Ohne Titel, 1967
    Untitled / Sans titre
Radierung, Kaltnadel auf Kupfer
Plattenformat: 33,5 x 24,5 cm
(Jahn 58)
2. Zustand, Probedruck rotbraun auf
Kupferdruckpapier: 46,5 x 31,5 cm
Abb. S. 55

40 Der Jäger, 1967
    The Hunter / Le chasseur
Radierung, Kaltnadel auf Zink
Plattenformat: 31,6 x 23,5 cm
(Jahn 59)
2. Zustand, Probedruck auf Kupferdruckpapier:
45 x 31,4 cm

41 Paranoiamarsch, 1967
    Paranoia March / Marche paranoïaque
Kaltnadel auf Zink
Plattenformat: 31,5 x 23,6 cm
(Jahn 62)
2. Zustand, Auflage auf
Richard-de-Bas-Bütten: 65 x 50 cm
Exemplar I/II
Abb. S. 90

42 Kuh, 1969 / Cow / Vache
Radierung, Kaltnadel auf Kupfer
Plattenformat: 18 x 24,6 cm
(Jahn 64)
2. Zustand, Probedruck bräunlich (oben,
zusammen mit Nr. 78) auf Kupferdruckpapier:
53 x 39,3 cm

43 Kuh nach rechts – drei Teile, 1969
    Cow to the Right – Three Parts
    Vache tournée vers la droite – trois
    fragments
Radierung, Vernis mou auf Kupfer
Plattenformat: 18 x 24,4 cm
(Jahn 69)
1. Zustand, Probedruck bräunlich (unten,
zusammen mit Nr. 72) auf Kupferdruckpapier:
53,2 x 39,5 cm
Abb. S. 92

44 Geteilte Kuh nach links, 1969
    Divided Cow to the Left
    Vache fragmentée tournée vers la
    gauche
Radierung, Vernis mou auf Kupfer
Plattenformat: 18 x 24,7 cm
(Jahn 70)
1. Zustand, Probedruck bräunlich (unten,
zusammen mit Nr. 71) auf Kupferdruckpapier:
53,2 x 39 cm

45 Kuh nach links, 1969
    Cow to the Left
    Vache tournée vers la gauche
Radierung auf Kupfer
Plattenformat: 18 x 24 cm
(Jahn 71)
1. Zustand, Probedruck bräunlich (oben,
zusammen mit Nr. 70) auf Kupferdruckpapier:
53,2 x 39 cm

46 Geteilte Kuh, 1969
    Divided Cow / Vache fragmentée
Radierung, Vernis mou auf Kupfer
Plattenformat: 18 x 24,5 cm
(Jahn 72)
1. Zustand, Probedruck bräunlich (oben,
zusammen mit Nr. 69) auf Kupferdruckpapier:
53,2 x 39,5 cm
Abb. S. 92

47 Zwei Kühe, 1969
    Two Cows / Deux vaches
Radierung, Kaltnadel auf Kupfer
Plattenformat: 18 x 24,5 cm
(Jahn 74)
1. Zustand, Probedruck (zusammen mit Nr. 75)
auf Kupferdruckpapier: 53 x 39 cm
Abb. S. 93

48 Eine Kuh, 1969
    A Cow / Une vache
Radierung auf Kupfer
Plattenformat: 18 x 24,5 cm
(Jahn 75)
1. Zustand, Probedruck (zusammen mit Nr. 74)
auf Kupferdruckpapier: 53 x 39 cm
Abb. S. 93

49 Kuh mit Baumstämmen, 1969
    Cow with Tree Trunks
    Vache avec des troncs d'arbres
Radierung, Kaltnadel auf Kupfer
Plattenformat: 18 x 24,5 cm
(Jahn 78)
1. Zustand, Probedruck bräunlich (unten,
zusammen mit Nr. 64) auf Kupferdruckpapier:
53 x 39,3 cm

50 Beatrice, 1969
    Beatrice / Béatrice
Radierung, Kaltnadel auf Zink, nach einer
Zeichnung von 1964
Plattenformat: 31,5 x 23,8 cm
(Jahn 79)
1. Zustand, Probedruck auf Kupferdruckpapier:
45 x 31,4 cm
Abb. S. 94

51 Ohne Titel / (nach Wrubel), 1969
    Untitled / (after Wrubel)
    Sans titre (d'après Wrubel)
Radierung, Kaltnadel auf Zink, nach einer
Zeichnung von 1964
Plattenformat: 31,5 x 23,8 cm
(Jahn 80)
1. Zustand, Probedruck auf Kupferdruckpapier:
44,7 x 31,5 cm (1970)

52 Hochstein, 1969
    Hochstein / Hochstein
Kaltnadel auf Zink
Plattenformat: 31,5 x 24,8 cm
(Jahn 82)
1. Zustand, Probedruck auf Kupferdruckpapier:
45 x 31,5 cm
Abb. S. 95

53 Kahlschlag, 1970
    Clearing / Coupe rase
Radierung auf Kupfer
Plattenformat: 17,7 x 24 cm
(Jahn 83)
1. Zustand, Auflage auf
Richard-de-Bas-Bütten: 65 x 50 cm
Exemplar I/II
Abb. S. 96

54 Ralfkopf, 1972
    Ralf Head / Tête de Ralph
Radierung, Kaltnadel auf Kupfer, nach einer
Zeichnung von 1965
Plattenformat: 29,6 x 23,8 cm
(Jahn 87)
1. Zustand, Probedruck rot/schwarz auf
Kupferdruckpapier: 53 x 39 cm

55 Landschaft, 1971/72
    Landscape / Paysage
Kaltnadel auf Messing
Plattenformat: 36,5 x 48,3 cm
(Jahn 90)
1. Zustand, Probedruck rot auf
Kupferdruckpapier: 53 x 70 cm
Abb. S. 98

56 Ohne Titel, 1971/72
    Untitled / Sans titre
Blatt 1 aus der Mappe ›Eine Woche‹
Radierung, Kaltnadel auf Kupfer
Plattenformat: 36 x 49,5 cm
(Jahn 93)
2. Zustand, Auflage auf aufgewalztem China
auf 250 g Rives-Bütten: 50 x 70 cm
Exemplar 44/52
Abb. S. 97

57 Ohne Titel, 1972
    Untitled / Sans titre
Blatt 6 aus der Mappe ›Eine Woche‹
Radierung, Kaltnadel auf Kupfer
Plattenformat: 36,3 x 48,2 cm
(Jahn 98)
1. Zustand, Auflage auf aufgewalztem China
auf 250 g Rives-Bütten: 50 x 70 cm
Exemplar 44/52
Abb. S. 99

58 Pfahl (Blutleuchte), 1972
    Stake (Blood Beacon) / Pieu
Radierung, Kaltnadel auf Kupfer, nach einer
Zeichnung von 1961
Plattenformat: 29,5 x 20,5 cm
(Jahn 102)
1. Zustand, Probedruck auf Kupferdruckpapier:
52,5 x 38,8 cm

59 Ohne Titel, 1972/73
    Untitled / Sans titre
›Triptychon‹: Blatt 1 (nach einer Zeichnung
von 1959)
Radierung, Kaltnadel auf Kupfer
Plattenformat: 29,5 x 23,8 cm
(Jahn 105)
2. Zustand, Probedruck schwarz und braun,

zweimal gedruckt, auf Kupferdruckpapier:
53 x 39,2 cm
Abb. S. 100

60 *Ohne Titel, 1973*
Untitled / Sans titre
›Triptychon‹: Blatt 2 (nach einer Zeichnung
von 1959)
Radierung, Kaltnadel auf Kupfer
Plattenformat: 29,5 x 24 cm
(Jahn 106)
1. Zustand, Probedruck braun und schwarz,
zweimal gedruckt, auf Kupferdruckpapier:
52,8 x 39,4 cm
Abb. S. 101

61 *Ohne Titel, 1973*
Untitled / Sans titre
›Triptychon‹: Blatt 3 (nach einer Zeichnung
von 1959)
Radierung, Kaltnadel auf Kupfer
Plattenformat: 29,5 x 24 cm
(Jahn 107)
1. Zustand, Probedruck, zweimal gedruckt, auf
Kupferdruckpapier: 53 x 39,3 cm
Abb. S. 102

62 *Ohne Titel, 1973*
Untitled / Sans titre
Blatt 1 aus der Mappe ›8 Radierungen nach
Zeichnungen von 1959‹
Radierung, Kaltnadel auf Kupfer
Plattenformat: 29,5 x 23,7 cm
(Jahn 109)
1. Zustand, Probedruck, zweimal gedruckt, auf
Kupferdruckpapier: 53 x 39,2 cm
Abb. S. 106

63 *Ohne Titel, 1973*
Untitled / Sans titre
Blatt 2 aus der Mappe ›8 Radierungen nach
Zeichnungen von 1959‹
Radierung, Kaltnadel auf Kupfer
Plattenformat: 29,6 x 23,9 cm
(Jahn 110)
1. Zustand, Probedruck, zweimal gedruckt, auf
Bütten: 52,8 x 39,3 cm
Abb. S. 103

64 *Ohne Titel, 1973*
Untitled / Sans titre
Blatt 4 aus der Mappe ›8 Radierungen nach
Zeichnungen von 1959‹
Radierung, Kaltnadel auf Kupfer
Plattenformat: 29,5 x 24,2 cm
(Jahn 112)
1. Zustand, Probedruck, zweimal gedruckt, auf
Kupferdruckpapier: 52,7 x 39 cm
Abb. S. 104

65 *Ohne Titel, 1972/73*
Untitled / Sans titre
Blatt 5 aus der Mappe ›8 Radierungen nach
Zeichnungen von 1959‹
Radierung, Kaltnadel auf Kupfer
Plattenformat: 29,5 x 24 cm
(Jahn 113)

2. Zustand, Probedruck, zweimal gedruckt, auf
Bütten: 53,2 x 39,2 cm
Abb. S. 107

66 *Ohne Titel, 1972/73*
Untitled / Sans titre
Blatt 7 aus der Mappe ›8 Radierungen nach
Zeichnungen von 1959‹
Radierung, Kaltnadel auf Kupfer
Plattenformat: 29,5 x 23,5 cm
(Jahn 115)
1. Zustand, Probedruck schwarz und braun,
zweimal gedruckt, auf Kupferdruckpapier:
53 x 39 cm

67 *Ohne Titel, 1972/73*
Untitled / Sans titre
Blatt 8 aus der Mappe ›8 Radierungen nach
Zeichnungen von 1959‹
Radierung, Kaltnadel auf Kupfer
Plattenformat: 29,5 x 23,8 cm
(Jahn 116)
1. Zustand, Probedruck schwarz/Terra di
Siena, zweimal gedruckt, auf
Kupferdruckpapier: 52,8 x 39 cm
Abb. S. 105

68 *Ohne Titel, 1974*
Untitled / Sans titre
Blatt 1 aus der Mappe ›Bäume‹
Radierung, Kaltnadel und Ätzung auf Kupfer
Plattenformat: 24,5 x 17,5 cm
(Jahn 122)
4. Zustand, Probedruck auf
Richard-de-Bas-Bütten: 65,5 x 50,5 cm

69 *Ohne Titel, 1974*
Untitled / Sans titre
Blatt 7 aus der Mappe ›Bäume‹
Kaltnadelradierung auf Kupfer
Plattenformat: 33 x 24,5 cm
(Jahn 128)
2. Zustand, Probedruck auf Kupferdruckpapier:
77,5 x 53 cm

70 *Ohne Titel, 1974*
Untitled / Sans titre
Blatt 9 aus der Mappe ›Bäume‹
Kaltnadelradierung auf Kupfer
Plattenformat: 33 x 24,5 cm
(Jahn 130)
1. Zustand, Probedruck auf Kupferdruckpapier:
77,5 x 53 cm

71 *Ohne Titel, 1974*
Untitled / Sans titre
Blatt 13 aus der Mappe ›Bäume‹
Radierung, Kaltnadel und Ätzung auf Kupfer
Plattenformat: 32,7 x 24,7 cm
(Jahn 134)
1. Zustand, Probedruck, aufgewalztes
Transparentpapier (31 x 23,5 cm) auf
Rives-Bütten: 56 x 38 cm

72 *Ohne Titel, 1974*
Untitled / Sans titre
Blatt 16 aus der Mappe ›Bäume‹
Radierung, Kaltnadel und Ätzung auf Kupfer

Plattenformat: 33 x 25 cm
(Jahn 137)
1. Zustand, Probedruck auf Fabriano Cotton:
69,5 x 49,5 cm
Abb. S. 111

73 *Ohne Titel, 1974*
Untitled / Sans titre
Blatt 21 aus der Mappe ›Bäume‹
Radierung, Kaltnadel und Ätzung auf Kupfer
Plattenformat: 33 x 24,7 cm
(Jahn 142)
1. Zustand, Probedruck auf Kupferdruckpapier:
64 x 49 cm
Abb. S. 112

74 *Ohne Titel, 1974*
Untitled / Sans titre
Blatt 22 aus der Mappe ›Bäume‹
Radierung, Kaltnadel und Ätzung auf Kupfer
Plattenformat: 29,5 x 23,5 cm
(Jahn 143)
1. Zustand, Probedruck auf Fabriano Cotton:
69,5 x 49,5 cm
Abb. S. 115

75 *Ohne Titel, 1974/75*
Untitled / Sans titre
Blatt 28 aus der Mappe ›Bäume‹
Kaltnadelradierung auf Kupfer
Plattenformat: 32,7 x 24,5 cm
(Jahn 149)
1. Zustand
a) Probedruck blau auf Kupferdruckpapier:
77,5 x 52,3 cm
b) Probedruck auf Kupferdruckpapier:
77,5 x 53 cm
Abb. S. 113
c) Probedruck auf Richard-de-Bas-Bütten:
66 x 50,5 cm
d) Probedruck, aufgewalztes China
(32,7 x 24,4 cm) auf Rives-Bütten: 75,5 x 65 cm

76 *Ohne Titel, 1975*
Untitled / Sans titre
Blatt 29 aus der Mappe ›Bäume‹
Kaltnadelradierung auf Kupfer
Plattenformat: 33 x 24,7 cm
(Jahn 150)
1. Zustand, Probedruck auf Fabriano Cotton:
69,5 x 49,5 cm
Abb. S. 114

77 *Ohne Titel, 1974*
Untitled / Sans titre
Blatt 34 aus der Mappe ›Bäume‹
Kaltnadelradierung auf Kupfer
Plattenformat: 33 x 24,5 cm
(Jahn 155)
a) 1. Zustand, Probedruck blau auf
Kupferdruckpapier: 77,5 x 53 cm
Abb. S. 116
b) Probedruck auf Kupferdruckpapier:
77,5 x 52,5 cm

78 *Baum, 1974 / Tree / Arbre*
Radierung, Kaltnadel und Aquatinta auf Kupfer

Plattenformat: 29,7 x 24 cm
(Jahn 161)
2. Zustand
a) Probedruck auf Richard-de-Bas-Bütten:
65 x 50 cm
b) Probedruck auf Fabriano Cotton:
70,3 x 49,5 cm
Abb. S. 110

79 *Bäume, 1974 / Trees / Arbres*
Radierung, Kaltnadel, Aquatinta und Ätzung
auf Kupfer
Plattenformat: 33 x 24,6 cm
(Jahn 164)
a) 1. Zustand, Probedruck auf
Kupferdruckpapier: 77,5 x 52,5 cm
b) 4. Zustand, Probedruck blau, aufgewalztes
China (31,4 x 23,3 cm) auf Rives-Bütten:
75,5 x 56 cm
Abb. S. 108

80 *Bäume, 1974 / Trees / Arbres*
Radierung, Kaltnadel und Ätzung auf Kupfer
Plattenformat: 29,3 x 24,8 cm
(Jahn 165)
4. Zustand
a) Probedruck auf Filterpapier: 77 x 61,5 cm
Abb. S. 117
b) Probedruck, aufgewalztes China
(29,2 x 24,2 cm) auf Rives-Bütten:
75,5 x 56,3 cm

81 *Bäume, 1974 / Trees / Arbres*
Radierung, Kaltnadel und Ätzung auf Kupfer
Plattenformat: 49,5 x 32,8 cm
(Jahn 166)
2. Zustand, Probedruck auf Kupferdruckpapier:
63,5 x 48,8 cm
Abb. S. 119

82 *Adler, 1974 / Eagle / Aigle*
Holzstich auf Kunstharzplatte
Plattenformat: 28,6 x 19,8 cm
später: 25,8 x 15,6 cm
(Jahn 169)
a) 1. Zustand, Probedruck schwarz auf
Offsetpapier: 30 x 21,5 cm
b) 2. Zustand, Probedruck schwarz auf
Offsetpapier: 30 x 21,5 cm

83 *Ohne Titel, 1974*
Untitled / Sans titre
Blatt 4 aus der Mappe ›Adler‹
Radierung, Ätzung und Kaltnadel auf Kupfer
Plattenformat: 33 x 24,8 cm
(Jahn 174)
Auflagenblatt: Blau auf aufgewalztem imitierten
Japanpapier (33 x 24,8 cm), auf Rives-Bütten:
70 x 50 cm
Exemplar 3/30
Abb. S. 109

84 *Ohne Titel, 1974*
Untitled / Sans titre
Blatt 5 aus der Mappe ›Adler‹
Holzstich und Strichätzung, 2 Platten
Plattenformate: 26,5 x 16,8 cm
(Jahn 175)

1. Zustand
a) Probedruck Grundplatte blau auf
Zeitungspapier: 35 x 25 cm
b)–f) Vier Probedrucke in verschiedenen
Blautönen von 2 Platten, auf Zeitungspapier:
je 35 x 25 cm

85 *Ohne Titel, 1974*
Untitled / Sans titre
Blatt 6 aus der Mappe ›Adler‹
Holzschnitt (und Fingermalerei)
Holzstock: 26,5 x 16,8 cm
(Jahn 176)
1. Zustand
a) Auflagenblatt, Holzschnitt blau, rot
übermalt, auf weißem imitierten Japanpapier:
28,4 x 18,5 cm, aufgelegt
b) auf Fotokarton: 70 x 50 cm
Exemplar 3/30
Abb. S. 120

86 *Ohne Titel, 1974*
Untitled / Sans titre
Blatt 7 aus der Mappe ›Adler‹
Holzstich und Strichätzung, 2 Platten
Plattenformate: 26,5 x 16,8 cm
(Jahn 177)
Probedruck mit Grundplatte von Blatt Nr. 10
in türkis gedruckt, Adler schwarz, auf
Kunstdruckpapier: 32 x 24 cm

87 *Ohne Titel, 1974*
Untitled / Sans titre
Blatt 8 aus der Mappe ›Adler‹
Holzschnitt (und Fingermalerei)
Holzstock: 26,5 x 16,8 cm
(Jahn 178)
2. Zustand
a) Auflagenblatt, Holzschnitt blau, blau
übermalt, auf weißem imitierten Japanpapier:
28,4 x 18,5 cm, aufgelegt
b) auf Fotokarton: 70 x 50 cm
Exemplar 3/30
Abb. S. 121

88 *Ohne Titel, 1974*
Untitled / Sans titre
Blatt 9 aus der Mappe ›Adler‹
Holzschnitt übermalt
Holzstock: 26,5 x 16,8 cm
(Jahn 179)
1. Zustand, Probedruck rot, blau mit
Fingermalerei überarbeitet, auf
Werkdruckpapier: 35,2 x 25,2 cm

89 *Ohne Titel, 1974*
Untitled / Sans titre
Blatt 10 aus der Mappe ›Adler‹
Holzstich und Strichätzung
Plattenformate: 26,5 x 16,8 cm
(Jahn 180)
1. Zustand
a) Probedruck mit Grundplatte türkis,
Motivplatte schwarz auf Offsetpapier:
32 x 24 cm
b) Probedruck, Grundplatte türkis (Adler von
schwarz, rot, gold), auf Offsetpapier:
32 x 24 cm

90 *Ohne Titel, 1974*
Untitled / Sans titre
Blatt 11 aus der Mappe ›Adler‹
Holzschnitt überarbeitet
Holzstock: 43,7 x 34,7 cm
(Jahn 181)
1. Zustand
a) Probedruck blau (Ausschnitt) auf
Offsetpapier: 48 x 32 cm
b) Auflagenblatt, Holzschnitt blau, rot
übermalt, auf weißem Umdruckpapier:
44,8 x 34,7 cm, 1 Platte, aufgelegt auf
Fotokarton: 70 x 50 cm
Exemplar 3/30
Abb. S. 145

91 *Sitzender Akt, 1974*
Seated Nude / Nu assis
Radierung, Ätzung und Kaltnadel
Plattenformat: 29,6 x 23,5 cm
Probedruck auf Kupferdruckpapier:
77,5 x 53,5 cm
Abb. S. 118

92 *Akt mit verschränkten Armen, 1976*
Nude with Folded Arms
Nu aux bras croisés
Monotypie auf Werkdruckpapier: 70,2 x 49,8 cm

93 *Akt mit verschränkten Armen, 1976*
Nude with Folded Arms
Nu aux bras croisés
Monotypie auf Werkdruckpapier: 70,2 x 49,8 cm

94 *Akt mit verschränkten Armen, 1976*
Nude with Folded Arms
Nu aux bras croisés
Monotypie auf Werkdruckpapier: 70,2 x 24,8 cm

95 *Elke im Lehnstuhl, 1976*
Elke in an Armchair
Elke dans un fauteuil
Holzschnitt
Plattenformat: 70 x 50 cm
Probedruck mit Monotypie auf
Werkdruckpapier: 70 x 50 cm

96 *Elke im Lehnstuhl, 1976*
Elke in an Armchair
Elke dans un fauteuil
Holzschnitt
Plattenformat: 70 x 50 cm
Probedruck mit Monotypie auf
Werkdruckpapier: 70 x 50 cm

97 *Elke im Lehnstuhl, 1976*
Elke in an Armchair
Elke dans un fauteuil
Holzschnitt
Plattenformat: 70 x 50 cm
Probedruck schwarz mit grauer Monotypie
überarbeitet, auf Offsetpapier: 86 x 61 cm
Abb. S. 125

167

98 *Elke im Lehnstuhl,* 1976
Elke in an Armchair
Elke dans un fauteuil
Holzschnitt
Plattenformat: 70 x 50 cm
Probedruck auf Offsetpapier: 86 x 61 cm
Abb. S. 124

99 *Bäume,* 1976 / *Trees / Arbres*
Monotypie auf Offsetpapier: 61 x 43 cm
Exemplar 1/9

100 *Bäume,* 1976 / *Trees / Arbres*
Monotypie auf Offsetpapier: 61 x 43 cm
Exemplar 2/9

101 *Stilleben,* 1976
Still life / Nature morte
Monotypie auf Finnenpappe: 53,5 x 42,5 cm

102 *Gruppe von 8 Monotypien ›Adler‹,*
schwarz, rot, gold, 1977
Group of 8 monotypes ›Eagles‹,
black, red, gold
Série de huit monotypes ›Aigle‹,
noir, rouge, or
Zinkätzung, Handabzug mit Monotypie auf
Werkdruckpapier: je 30 x 27 cm

103 *Adler, positiv/negativ,* 1977
Eagle, positive/negative
Aigle, positif/négatif
Linolschnitt
je Platte: 60 x 27 cm
Probedruck, Ölfarbe auf Offsetpapier:
86 x 61 cm
Abb. S. 122

104 *Adler für ›Schweinebraden-Mappe‹,*
positiv/negativ, 1977
Eagle for ›Schweinebraden
portfolio‹, positive/negative
Aigle pour le ›portefeuille
Schweinebraden‹, positif/négatif
Linolschnitt
je Platte: 60 x 27 cm
Probedruck, schwarze Ölfarbe auf
Offsetpapier: 86 x 61 cm
Abb. S. 123

105 *Adler im Gebirge,* 1977
Eagle in the Mountains
Aigle dans la montagne
Linolschnitt
Plattenformat: 60 x 27 cm
a)—e) Folge von 5 Zustandsdrucken (d) mit
Monotypie überarbeitet) auf Offsetpapier:
je 60 x 27 cm
Abb. S. 126

106 *Fliegender Adler,* 1977
Flying Eagle / Aigle en vol
Linolschnitt
Plattenformat: 30 x 27 cm
Probedruck auf Offsetpapier: 30,5 x 27,5 cm
Abb. S. 127

107 *Adler,* 1980 / *Eagle / Aigle*
Aquatinta
Plattenformat: 42,5 x 31,5 cm
Probedruck auf Kupferdruckpapier:
77,5 x 52,5 cm

108 *Adler,* 1980 / *Eagle / Aigle*
Aquatinta
Plattenformat: 42,3 x 31,5 cm
Abzug aus unnumerierter Auflage auf
Richard-de-Bas-Bütten: 78 x 57,5 cm
Abb. S. 142

109 *Ohne Titel,* 1980
Untitled / Sans titre
Radierung aus der Mappe ›Adler, Baum, Frau
im Fenster…‹
Plattenformat: 42,7 x 31,5 cm
a) Probedruck auf Kupferdruckpapier:
77,5 x 52,7 cm
Abb. S. 139
b) Probedruck auf Kupferdruckpapier:
77,5 x 53 cm
Abb. S. 138

110 *Ohne Titel,* 1980
Untitled / Sans titre
Kaltnadelradierung aus der Mappe ›Adler,
Baum, Frau im Fenster…‹
Plattenformat: 46,5 x 31,7 cm
Exemplar 17/20 auf Schöllerhammer-Bütten:
78,5 x 56 cm
Abb. S. 140

111 *Adler,* 1980 / *Eagle / Aigle*
Kaltnadelradierung aus der Mappe ›Adler,
Baum, Frau im Fenster…‹
Plattenformat: 86,8 x 31,8 cm
Exemplar 17/20 auf Schöllerhammer-Bütten:
78,5 x 56 cm
Abb. S. 141

112 *Winkende Frau,* 1980
Woman Waving
Femme faisant un signe
Aquatinta aus der Mappe ›Adler, Baum, Frau
im Fenster…‹
Plattenformat: 42,8 x 31,7 cm
Exemplar 17/20 auf Schöllerhammer-Bütten:
78,5 x 56 cm
Abb. S. 143

113 *Lesender Mann,* 1981
Man Reading / Homme lisant
Linolschnitt aus der Mappe ›Straßenbild‹
Plattenformat: 65,5 x 50,5 cm
Probedruck auf Offsetpapier: 65,5 x 50,5 cm
Abb. S. 128

114 *Kopf im Fenster,* 1981
Head in the Window
Tête à la fenêtre
Linolschnitt aus der Mappe ›Straßenbild‹
Plattenformat: 65,5 x 50,5 cm
Probedruck auf Offsetpapier: 65,5 x 50,5 cm
Abb. S. 129

115 *Ohne Titel,* 1981
Untitled / Sans titre
Radierung aus der Mappe ›Straßenbild‹
Plattenformat: 31,8 x 25 cm
Exemplar 3/20 auf Rives-Bütten: 65,5 x 50 cm
Abb. S. 130

116 *Ohne Titel,* 1981
Untitled / Sans titre
Radierung aus der Mappe ›Straßenbild‹
Plattenformat: 31,5 x 24,5 cm
Exemplar 3/20 auf Rives-Bütten: 65,5 x 50 cm
Abb. S. 131

117 *Ohne Titel,* 1981
Untitled / Sans titre
Radierung aus der Mappe ›Straßenbild‹
Plattenformat: 31,5 x 25 cm
Exemplar 3/20 auf Rives-Bütten: 65,5 x 50 cm
Abb. S. 132

118 *Ohne Titel,* 1981
Untitled / Sans titre
Radierung und Aquatinta aus der Mappe
›Straßenbild‹
Plattenformat: 31,5 x 24,8 cm
Exemplar 3/20 auf Rives-Bütten: 65,5 x 50 cm
Abb. S. 133

119 *Ohne Titel,* 1981
Untitled / Sans titre
Radierung aus der Mappe ›Straßenbild‹
Plattenformat: 31,5 x 24,6 cm
Exemplar 3/20 auf Rives-Bütten: 65,5 x 50 cm
Abb. S. 134

120 *Ohne Titel,* 1981
Untitled / Sans titre
Radierung aus der Mappe ›Straßenbild‹
Plattenformat: 31,8 x 25,2 cm
Exemplar 3/20 auf Rives-Bütten: 65,5 x 50 cm
Abb. S. 135

121 *Ohne Titel,* 1981
Untitled / Sans titre
Aquatinta aus der Mappe ›Straßenbild‹
Plattenformat: 31,4 x 24,8 cm
Exemplar 3/20 auf Rives-Bütten: 65,5 x 50 cm
Abb. S. 136

122 *Ohne Titel,* 1981
Untitled / Sans titre
Radierung aus der Mappe ›Straßenbild‹
Plattenformat: 31,6 x 24,6 cm
Exemplar 3/20 auf Rives-Bütten: 65,5 x 50 cm
Abb. S. 137

123 *Ohne Titel,* 1981
Untitled / Sans titre
Radierung aus der Mappe ›Straßenbild‹
Plattenformat: 31,5 x 24,3 cm
Exemplar 3/20 auf Rives-Bütten: 65,5 x 50 cm

124 *Ohne Titel,* 1981
Untitled / Sans titre
Radierung aus der Mappe ›Straßenbild‹
Plattenformat: 31,7 x 24,9 cm
Exemplar 3/20 auf Rives-Bütten: 65,5 x 50 cm

125 *Ohne Titel*, 1981
Untitled / Sans titre
Radierung aus der Mappe ›Straßenbild‹
Plattenformat: 31,6 x 25 cm
Exemplar 3/20 auf Rives-Bütten: 65,5 x 50 cm

126 *Ohne Titel*, 1981
Untitled / Sans titre
Radierung aus der Mappe ›Straßenbild‹
Plattenformat: 31,5 x 24,8 cm
Exemplar 3/20 auf Rives-Bütten: 65,5 x 50 cm

127 *Ohne Titel*, 1981
Untitled / Sans titre
Radierung aus der Mappe ›Straßenbild‹
Plattenformat: 31,5 x 24,9 cm
Exemplar 3/20 auf Rives-Bütten: 65,5 x 50 cm

128 *Orangenesser – Kongo*, 1981
Orange Eater – Congo
Mangeur d'orange – Congo
farbiger Linolschnitt
Plattenformat: 85,5 x 63 cm
a) Probedruck auf Offsetpapier: 100 x 70 cm
b) Probedruck auf Offsetpapier: 100 x 70 cm

129 *Orangenesser*, 1981
Orange Eater / Mangeur d'orange
farbiger Linolschnitt
Plattenformat: 85 x 61 cm
a) Probedruck schwarz/rot/orange auf
Offsetpapier: 86 x 61 cm
b) Probedruck schwarz/türkis/orange auf
Offsetpapier: 86 x 61 cm
c) Probedruck schwarz/rot/orange auf
Offsetpapier: 86 x 61 cm

130 *Mann am Strand*, 1981
Man on the Beach / Homme à la plage
Farbholzschnitt
Plattenformat: 65 x 49,5 cm
a) 1. Zustand, Probedruck auf Offsetpapier:
64,8 x 49,5 cm
b) 2. Zustand, Probedruck auf grundiertem
Offsetpapier: 86 x 61 cm
Abb. S. 146

131 *Mann am Strand*, 1981
Man on the Beach / Homme à la plage
Holzschnitt
Plattenformat: 85 x 63,2 cm
Probedruck überarbeitet, auf Offsetpapier:
100 x 70 cm
Abb. S. 147

132 *Mann am Strand*, 1981
Man on the Beach / Homme à la plage
Holzschnitt
Plattenformat: 85,5 x 63 cm
Exemplar 11/15 auf Offsetpapier: 94,5 x 72 cm
Abb. S. 157

133 *Mann am Strand*, 1981
Man on the Beach / Homme à la plage
Farbholzschnitt
Plattenformat: 65 x 49,5 cm
Probedruck auf Offsetpapier: 65 x 49,5 cm
Abb. S. 148

134 *Mein Vater blickt aus dem Fenster*,
1981
My Father Looking out of the Window
Mon père regarde par la fenêtre
Farbholzschnitt (Kopf links)
Plattenformat: 65 x 50 cm
Probedruck auf Offsetpapier: 65 x 50 cm

135 *Mein Vater blickt aus dem Fenster*,
1981
My Father Looking out of the Window
Mon père regarde par la fenêtre
Farbholzschnitt (Kopf rechts)
Plattenformat: 65 x 50 cm
Probedruck auf Offsetpapier: 65 x 50 cm
Abb. S. 149

136 *Mein Vater blickt aus dem Fenster*,
1981
My Father Looking out of the Window
Mon père regarde par la fenêtre
Farbholzschnitt (Kopf rechts)
Plattenformat: 65 x 50 cm
Probedruck übermalt, auf Offsetpapier:
86 x 61 cm

137 *Trinker/Kopf mit Flasche*, 1981
Drinker / Head with Bottle
Buveur / Tête avec bouteille
Farbholzschnitt
Plattenformat: 100 x 78,5 cm
Probedruck übermalt, auf Bütten: 101 x 78,5 cm
Abb. S. 150

138 *Trinker*, 1981
Drinker / Buveur
aus der Mappe ›Erste Konzentration‹,
farbiger Linolschnitt
Plattenformat: 80 x 60 cm
Exemplar 35/50 auf Offsetpapier: 80 x 60 cm
Abb. S. 151

139 *Adler*, 1981 / *Eagle / Aigle*
aus der Mappe ›Erste Konzentration‹,
Holzschnitt
Plattenformat: 100 x 80 cm
Probedruck auf Offsetpapier: 99,5 x 79,5 cm
Abb. S. 153

140 *Adler*, 1981 / *Eagle / Aigle*
Holzschnitt von 2 Platten (schwarz)
Plattenformat: 100 x 80 cm
Probedruck auf Zeichenkarton: 102 x 79 cm
Abb. S. 158

141 *Profilkopf*, 1982
Profile Head / Tête de profil
Holzschnitt von 2 Stöcken
Holzstöcke: 62,5 x 50 cm
Abzug dunkelblau und rot auf Offsetpapier:
86 x 61 cm
Abb. S. 152

142 *Gebückter mit Stock*, 1981
Bent Man with Stick
Courbé avec une canne
Holzschnitt
Holzstock: 64,5 x 50 cm
Abzug schwarz auf Offsetpapier: 86 x 61 cm

143 *Der Italiener*, 1982
The Italian / L'Italien
Holzschnitt
Holzstock: 65,2 x 49,8 cm
Abzug schwarz auf Offsetpapier:
86,5 x 61,2 cm
Abb. S. 156

144 *Dicker Mann*, 1982
Fat Man / Gros homme
Holzschnitt
Holzstock: 70,3 x 50 cm
Abzug schwarz auf Offsetpapier:
86,5 x 61,2 cm
Abb. S. 154

145 *Mann in der Tür*, 1982
*Man in the Doorway / Homme à la
porte*
Holzschnitt
Holzstock: 65 x 49,2 cm
Abzug rotbraun auf Offsetpapier:
86,5 x 61,2 cm
Abb. S. 155

146 *Mann am Strand*, 1981/82
Man on the Beach / Homme à la plage
Kaltnadelradierung
Plattenformat: 74 x 54 cm
Probedruck auf Kupferdruckpapier:
78,5 x 56 cm

147 *Kopf für Krater und Wolke*, 1982
Head for Krater und Wolke
Tête pour Krater und Wolke
Linolschnitt
Plattenformat: 88,5 x 71 cm
Probedruck auf Offsetpapier: 90 x 72 cm
Für Zeitschrift ›Krater und Wolke‹, Heft 2/1982
Abb. S. 159

148 *Adieu*, 1982 / *Adieu / Adieu*
Kaltnadelradierung
Plattenformat: 42,5 x 32 cm
a)–c) 1., 2. und 3. Zustand, je ein
Probedruck auf Rives-Bütten: je 65,5 x 50 cm
Abb. S. 144

Ausgewählte Literatur
Selected Bibliography
Bibliographie Choisie

Folgende Veröffentlichungen beziehen sich ganz oder in besonderer Weise auf die Druckgraphik von Baselitz:

The following publications refer in their entirety or in some particular way to Baselitz's graphic prints (in chronological order):

Les publications suivantes se réfèrent intègralement ou principalement aux gravures de Baselitz (par ordre chronologique):

Georg Baselitz: Ein neuer Typ. Bilder 1965/66. Mit einer Einführung von Günter Gercken. Katalog zur Ausstellung in der Galerie Neuendorf. Hamburg 1973.

Georg Baselitz: Radierungen 1963–1974 / Holzschnitte 1966–1967. Mit Texten von Rolf Wedewer und Fred Jahn. Katalog zur Ausstellung im Städtischen Museum Leverkusen Schloß Morsbroich. Leverkusen 1974.

Georg Baselitz: ›Adler‹. Mappe mit 11 Radierungen, Holzschnitten und Holzstichen. Katalog der Edition Galerie Heiner Friedrich. München 1975.

Georg Baselitz: Gemälde, Handzeichnungen, Druckgraphik. Texte von Horst Keller, Siegfried Gohr, Dieter Koepplin und Franz Dahlem. Katalog zur Ausstellung in der Kunsthalle Köln 1976.

Georg Baselitz: Linolschnitte. Texte von Siegfried Gohr und Fred Jahn. Katalog zur Ausstellung in der Josef-Haubrich-Kunsthalle. Köln 1979.

Georg Baselitz: Model for a sculpture. Text von Mark Francis. Faltblatt zur Ausstellung in der Whitchapel Art Gallery. London 1980. (Zehn große Linolschnitte ausgestellt).

Georg Baselitz: grafik og malerier. Interview von John Hunov mit Georg Baselitz. Text von Per Kirkeby. Katalog zur Ausstellung in der Kastrupgårdsamlingen. Kastrup 1981.

Georg Baselitz: Vier Mappen (Landschaften; Flaschen; Adler, Baum, Frau im Fenster; Das Straßenbild). Katalog der Edition Maximilian Verlag Sabine Kunst. München 1981.

erste konzentration – Georg Baselitz, Antonius Höckelmann, Jörg Immendorff, Per Kirkeby, Markus Lüpertz, A. R. Penck. Text von Alexander Dückers. Katalog der Edition Maximilian Verlag, Sabine Kunst. München 1982.

Georg Baselitz – 16 Holzschnitte rot und schwarz 1981/82. Text von Per Kirkeby. Katalog der Edition, herausgegeben von Fred Jahn, München, und Rudolf Zwirner, Köln. München 1982.

L'Italie et l'Allemagne. Nouvelles sensibilités, nouveaux marchés. Texte von Maurice Besset, Peter Blum, Johannes Gachnang u. a. Katalog der Ausstellung im Cabinet des estampes, Musée d'Art et d'Histoire. Genf 1983.

Georg Baselitz – A. R. Penck. Druckgraphik. Text von Gerhard Storck. Faltblatt zur Ausstellung im Museum Haus Esters. Krefeld 1983.

Georg Baselitz: Large Prints. Text von Audrey Isselbacher. Faltblatt zur Ausstellung im Museum of Modern Art. New York 1983.

Fred Jahn: *Baselitz. Peintre-Graveur.* Band 1: Werkverzeichnis der Druckgraphik 1963–1974. Bern-Berlin 1983.